dtv

Angesichts der Religionsvielfalt, mit der wir in unserer multikulturellen Gesellschaft konfrontiert werden, wird die Auseinandersetzung mit dem Wesen der großen Weltreligionen immer wichtiger. Dieser Beitrag über das Judentum will Wissenslücken schließen und tradierte Vorurteile, die gerade gegenüber dieser Religion noch immer sehr groß sind, ausräumen.

Alfred Paffenholz gibt hierzu eine umfassende und klar gegliederte Einführung in das Wesen des jüdischen Glaubens. Von der Geschichte der Juden, ihren heiligen Schriften über die Bedeutung des Sabbats und der jüdischen Fest- und Feiertage bis zur Gestaltung des jüdischen Alltags werden alle Fragen der Nichtjuden an das Judentum beantwortet. Den antijüdischen Tendenzen, die in unserer Gesellschaft leider noch immer vorhanden sind, will der Autor mit den beiden letzten Kapiteln begegnen, die die tiefsitzenden antisemitischen Vorurteile und die verschiedenen Formen der Judenfeindschaft zum Thema haben. Paffenholz' lebendige Darstellung dieser Glaubenswelt, deren Zentrum das Streben nach Weisheit und Erkenntnis durch unaufhörliches Lernen ist, macht deutlich, warum dieses Bekenntnis so viele bedeutende Menschen hervorgebracht hat.

Alfred Paffenholz, geboren 1937, ist Journalist und Leiter der Abteilung Kultur und Gesellschaft im Hörfunk von Radio Bremen.

Alfred Paffenholz

Was macht der Rabbi den ganzen Tag

Das Judentum

Mit 12 Abbildungen

Deutscher Taschenbuch Verlag

Meiner Tochter Silvia

Ungekürzte Ausgabe
März 1998
Deutscher Taschenbuch Verlag GmbH & Co. KG,
München

Titel der Originalausgabe:
Was macht der Rabbi den ganzen Tag? Das Judentum
ISBN 3-491-72331-0
Umschlagkonzept: Balk & Brumshagen
Umschlaggestaltung unter Verwendung eines Photos von
Maud B. Weiss/Michel Neumeister: *Die Frommen in New York,*
Gina Kehayoff Verlag, München
Gesamtherstellung: C. H. Beck'sche Buchdruckerei,
Nördlingen
Gedruckt auf säurefreiem, chlorfrei gebleichtem Papier
Printed in Germany · ISBN 3-423-36060-7

Inhalt

Einleitung 7

I. Geschichte der Juden im Überblick 16
1. Kurzgefaßte Geschichte Israels und des Judentums 16
2. Chronik jüdischen Lebens in Deutschland von der Römerzeit bis heute 18

II. Heilige Schriften und Traditionsliteratur 23
1. Die Hebräische Bibel (Tenach) 23
2. Bibelübersetzungen und Apokryphen 26
3. Der Talmud („Studium", „Belehrung", „Lehre") . . 27
4. Der Midrasch („Suchen", „die Schrift erforschen") . . 34
Aus dem Babylonischen Talmud 38
Martin Buber, Der Glaube des Judentums 39

III. Der Sabbat in Familie und Synagoge 42
1. Zu Gast bei einer jüdischen Familie 42
2. Zu Gast in der Synagoge 47
Das Schabbatlied des Salomo Alkabez 55
Sch'ma Israel. 57
Schemone Esre 58
3. Der Rabbiner — Exponent und Erklärer der Tora . . 61
Isaak B. Singer, Sabbatabend. 71
4. Der Chasán oder Kantor und der jüdische Gebetsgesang 73
Kol nidre 78

IV. Der jüdische Kalender, jüdische Fest- und Feiertage 81
1. Tabellarische Übersicht 81
2. Der Festkalender 81
2.1 Rosch Haschana — Neujahrsfest 87
Kewakorass 90

2.2 Jom Kippur — Versöhnungsfest 91
2.3 Sukkot — Das Laubhüttenfest 94
2.4 Simchat Tora — Fest der Gesetzesfreude / Freude der Lehre 98
2.5 Chanukka — Einweihungsfest 102
Maos zur 107
Was die Chanukka-Kerzen erzählen 107
2.6 Purim — Fest der Lose 108
Aus dem Buch Esther 112
2.7 Pessach — Auszug aus Ägypten und Volkwerdung Israels 114
2.8 Lag B'Omer — das Omerzählen 119
2.9 Schawuot — Wochenfest / Fest der Offenbarung . . 120
Herman Wouk, Die Macht des mosaischen Gesetzes 123
2.10 Tischa Beaw — der 9. AW (Tempelzerstörung) . . 124
Die Zerstörung des Zweiten Tempels 126

V. Jüdischer Alltag — Von der Wiege bis zum Grab . 128
1. Wer ist ein Jude? 128
2. Verbundenheit mit Gott: Beten, Lernen, Tun . . . 129
3. Geburt und Beschneidung (Berit Mila) 132
4. Erziehung und Bar Mizwa („Sohn der Pflicht") . . 135
5. Verlobung, Hochzeit, Ehe 137
Heiratslied 147
Lernen 148
6. Krankheit, Sterben, Tod, Begräbnis 149
7. Koscher und Tame: die Speisevorschriften 154

VI. Fragen und Antworten, um Vorurteilen zu begegnen 159

VII. Die Judenfeindschaft hat viele Namen 166
Erläuterung wichtiger Begriffe

Weiterführende Literatur (Auswahl) 172
Text- und Bildnachweis 174

Einleitung

Auch das ist eine Langzeitwirkung des nazistischen Völkermords am jüdischen Volk: Die Chance, heute in Deutschland einem Juden zu begegnen und mit ihm oder ihr ins Gespräch zu kommen, ist nicht besonders groß. Knapp 43 000 in einem 80-Millionen-Volk fallen nicht auf, zudem ist das angeblich typisch „jüdische Aussehen" eine rassistische Erfindung, die — in Wort, Bild und Schrift perpetuiert — sich offensichtlich als nicht aus der Welt zu schaffendes Vorurteil hält. Daß sich im Land des Henkers nach der Shoah-Erfahrung überhaupt noch Juden niederlassen und sich wieder jüdische Gemeinden konstituieren würden, war innerhalb der jüdischen Gemeinschaft lange umstritten und wird bis heute nicht kritiklos begrüßt.

„Die Epoche der Juden in Deutschland ist ein für allemal vorbei", lautete das Urteil von Leo Baeck, der „geistigen Symbolfigur des deutschen Judentums" (W. Benz), nach seiner Befreiung aus dem KZ Theresienstadt. Die gesellschaftliche Assimilation der deutschen Juden, ihre deutsch-jüdische Identität war in Auschwitz zu einem so nicht vorstellbaren Ende gekommen. Die Juden waren — wieder einmal in ihrer langen, leidvollen Geschichte — um eine Hoffnung ärmer.

Jüdisches Leben reicht in Deutschland zurück bis in die Römer-Zeit und die Zeit Karls des Großen. Früh schon lebten Juden in Köln, in Aachen und anderen Städten. Nahum Goldmann hat darauf aufmerksam gemacht, kein Volk habe kulturell auf die Juden einen solchen Eindruck gemacht, solchen Eindruck gehabt wie die Deutschen. Für diese Auffassung führt er u. a. das Jiddisch an, die Hauptsprache des europäischen Judentums, die sich aus dem Mittelhochdeutschen entwickelte. Und — so Goldmann weiter — „als die Aufklärung Ende des 18. Jahrhunderts begann und die Juden — zumindest kulturell — aus ihrem Getto herauskamen und Anschluß suchten an die europäische Kultur, war das Hauptinstrument beinahe fast — ich will nicht sagen ausschließlich — das Deutsche... Der Einfluß der Deutschen, besonders aufs moderne Judentum war ungewöhnlich. Die Juden verdanken den Deutschen sozusagen alle Begegnungen mit der modernen europäischen Kultur."

Man mag die Beschreibung von Nahum Goldmann übertrieben finden, sie ist es gewiß. Dennoch, erschreckend bleibt, daß Auschwitz und Treblinka trotz aller Errungenschaften der Aufklärung möglich waren. Als die Nationalsozialisten an die Macht kamen, 1933, lebten in Deutschland rund 504 000 Juden. Etwa 270 000 von ihnen konnten auswandern, über 200 000 wurden von den Nazis zusammengetrieben und deportiert, 165 000 sind in den Konzentrations- und Vernichtungslagern ermordet worden, nur rund 15 000 konnten außerhalb der Lager überleben. In den ersten Jahren nach dem Zweiten Weltkrieg saßen die Überlebenden des Holocaust, die wenigen deutschen Juden wie ihre Brüder und Schwestern aus den osteuropäischen Ländern, auf deutschem Boden sozusagen auf gepackten Koffern. Sie waren DPs („Displaced Persons"), deren „Normalität" in Lagern begann! Überlebende wie Zuwanderer aus den Ländern Osteuropas, wo ein erneuter Antisemitismus wütete, betrachteten Deutschland als Durchgangsstation auf dem Weg nach Palästina (ab Mai 1948 in den Staat Israel) und in die USA. Die notwendigen Formalitäten wurden unter alliierter Kontrolle abgewickelt, eine Prozedur, die sich Jahre hinzog. Kein Jude werde künftig mehr auf deutschen Boden treten, befand 1948 der Jüdische Weltkongreß. Deutschland war ein gebanntes Land. Verständlich nach allem, was zwischen 1933—1945 geschehen war. Indes, rund 12 000 blieben, nachdem die Auswanderungsbewegung weitgehend zum Abschluß gekommen war. Bereits am 19. Juli 1950 war der „Zentralrat der Juden in Deutschland" gegründet worden, der heute als Dachverband von inzwischen 16 Landesverbänden und mehr als 60 Gemeinden fungiert. In Ignaz Bubis hat der Zentralrat einen hochgeachteten, das Gespräch mit allen Gruppen der Gesellschaft suchenden Vorsitzenden, auf dessen Wort gehört wird. Daß für seinen Schutz an Leib und Leben die Sicherheitsstufe Eins gilt, gehört zum traurigen Alltag der Bundesrepublik Deutschland. Wie ja auch zum Sabbat-Gottesdienst am Freitag abend und am Samstag morgen Polizeifahrzeuge auffahren. Synagogen müssen bei uns geschützt werden!

Das wiederbeginnende jüdische Gemeindeleben in Deutschland ging nicht problemlos vonstatten. Von außen gab es nach wie vor die Bedrohung durch einen latenten, gelegentlich auch offenen Antisemitismus, im Binnenbereich galt es, die neue Existenz auf deutschem Boden gegenüber den eigenen Leut' im Ausland, vor allem in Israel und in den USA, zu rechtfertigen wie auch als Überlebende des Holocaust mit den Schuldgefühlen gegenüber den Ermordeten der eigenen Familie und aus dem Freundeskreis zurechtzukommen. Erschwerend für ein neues Gemeinschaftsgefühl in den neuen Gemeinden (die ja keine deutsch-jüdischen Gemeinden mehr waren wie früher) waren besonders die Gegensätze zwischen den wenigen deutschen Juden, die den Nazi-Terror überlebt hatten, und der von der Zahl her größeren Gruppe der osteuropäischen Zuwanderer. Ein kultureller und sozialer Konflikt: die einen assimiliert, bürgerlich, liberal in religiös-rituellen Fragen und deren Praxis, die anderen aus dem Milieu des chassidischen Schtedtl kommend, Jiddisch sprechend, Menschen mit einem dezidiert jüdischen Selbstverständnis, orthodox in der Auslegung der religiösen Bestimmungen. Heute — 50 Jahre nach Ende der Nazi-Herrschaft — sind nur noch wenige Gemeindemitglieder Überlebende des Holocaust. Die Gemeinden sind Einwanderergemeinden; die Zuwanderung russischer Juden hat in den letzten Jahren zugenommen und stellt die mit Reichtümern nicht gerade gesegneten Gemeinden vor schwierige Probleme.

Und auch das gibt es schon wieder: eine Diskussion, wie viele Juden Deutschland verkraften könne. Dabei wird mit gespielter Sorge darauf verwiesen, ein Ansteigen der jüdischen Bevölkerung könnte zur Verstärkung des Antisemitismus in Deutschland führen. Im Klartext: Um den in Deutschland lebenden Juden die Erfahrung des Antisemitismus zu ersparen, muß ihre Zahl kleingehalten werden. Das ist ein ebenso scheinheiliges wie absurdes Argument.

Die Menschen, die heute in Deutschland jüdische Gemeinden bilden, stammen aus sehr verschiedenen Kulturkreisen, sie sprechen verschiedene Sprachen, und sie haben überdies — bei allem Grundkonsens der Jüdischkeit — unterschiedliche religiöse Anschauungen. Die meisten leben in Großstädten, vor allem in Berlin, Frankfurt und München. Von relativ wenigen Vorkommnissen abgesehen, konnten Juden im Nachkriegsdeutschland, in der Bundesrepublik wie in der DDR ohne sonderliche Anfeindungen und ohne Ängste leben. Wie sich der deutsch-deutsche Vereinigungsprozeß von 1989/90 auf die jüdische Gemeinschaft in unserem Land auswirken wird, bleibt abzuwarten. Es gibt einige alarmierende Zeichen. Zwar ist die deutsche Demokratie intakt, auch nach den „politisch-tektonischen" Verschiebungen der deutschen Vereinigung, doch haben die in jüngster Zeit stets neu aufgeworfenen Fragen nach der Festigkeit, Widerstandskraft und Dauerhaftigkeit der deutschen Demokratie die Bewußtseinslage der Juden in Deutschland nachhaltig verändert. Auf diesen Tatbestand hat mit Nachdruck Salomon Korn hingewiesen, Vorstandsmitglied der Jüdischen Gemeinde Frankfurt/Main und Architekt des 1986 eröffneten Jüdischen Gemeindezentrums. In seinem Festvortrag am 29. August 1994 in der Frankfurter Westend-Synagoge (anläßlich des Abschlusses der sechsjährigen Teilrekonstruktion und Neugestaltung der Synagoge) erklärte er:

„In der Bundesrepublik Deutschland schienen ein gewachsener Verfassungs-Patriotismus, die Stärkung des föderalen Systems und das demokratische Bewußtsein in weiten Teilen der Bevölkerung Garanten einer sicheren Zukunft der damals 30 000 Juden in der Bundesrepublik Deutschland zu sein. Die im Gefolge der deutschen Vereinigung aufgetretenen rechtsextremistischen Gewalttaten haben Zweifel an der Richtigkeit dieser Sicht aufkommen lassen. Juden werden auf schmerzliche Weise daran erinnert, daß ihnen in Deutschland Aufenthaltsrecht, Staatsbürgerschaft, ja das Existenzrecht wieder abgesprochen wird." Besorgte Worte, zumal Salomon Korn auch den Ursachen für den aktuellen Rechtsextremismus nachgeht. Er sieht diese Ursachen weniger in der deutschen Vereinigung als vielmehr in Geschichte und Vorgeschichte der Bundesrepublik Deutschland. Und er fragt: „Könnte es nicht sein, daß durch Altlasten des Nationalsozialismus unter der Oberfläche des einstigen Wirtschaftswunderlandes sich politisch kontaminierter Boden befand, in dessen Hohlräumen jahrzehntelang braunes Gift lagerte? Und herrschte deswegen unter dieser Glitzerschicht des Wohlstandes nicht unbemerkt eine bundesrepublikanische Edelfäule, die erst durch die Erschütterungen der deutschen Vereinigung an die Oberfläche gelangte? Wird durch diese tiefgreifende Umwälzung langfristig ein reinigender Prozeß einsetzen, oder stehen wir eher vor der Epoche eines Nationalismus, der von ratlosen Politikern zum Religionsersatz umgewandelt wird?"

Bange und unbequeme Fragen, die anzeigen, daß die Wiedervereinigung Deutschlands von denen, die im offiziellen Sprachgebrauch „unsere jüdischen Mitbürger" (warum eigentlich nicht „Bürger") genannt werden, weniger als Chance denn als Risiko begriffen wird. Juden reagieren äußerst sensibel, zu Recht, wenn viel vom „Volk" gesprochen wird und „Völkisches" Konjunktur hat. Wie eben jetzt! Da befürchten sie, nicht ohne Grund, bald könnte wieder festgelegt werden, wer zum „Volk" gehört und wer nicht. Die Asyl-Debatte mit ihren beschämenden Begleiterscheinungen muß unter Juden die Traumata des Schreckens wieder verstärkt haben. Denn von Staats wegen nicht mehr verfolgt zu werden, diese Rückkehr zu einer Normalität sei kein Grund, „das In-Ruhe-gelassen-zu-Werden für eine humanitäre Großtat zu halten", meinte Henryk M. Broder in der ihm eigenen zugespitzten Weise. Keine Frage, es gibt Antisemitismus in Deutschland, latent sowieso, hie und da auch offen, und es gibt Aggressionen gegen „die Juden", aber nicht besonders wirkungsmächtig. Gleichzeitig wird — z. B. von Michael Daxner — geradezu eine „neue Judenliebe" diagnostiziert, die inzwischen bis in die modischen Accessoires hinein die Wiederbelebung des jüdischen Schtedtl, dessen horrende Armut und Not unterschlagen wird, als Umgehungsstrategie der Shoah-Realität benutzt. Der Präsident der Carl von Ossietzky Universität Oldenburg machte in einem öffentlichen Vortrag 1994 deutlich, daß in einem Land wie Deutschland, in dem der Antisemitismus und ein subtiler Antijudaismus recht unbefangen sich wieder ausbreiten dürften, gleichwohl die Juden zahlreiche Anzeichen für Akzeptanz und Interesse wahrnehmen könnten. Zu keinem Zeitpunkt hätten die Deutschen so viel über jüdische Geschichte erfahren und zu keinem Zeitpunkt hätten sie sich so fundiert mit ihrem Verhältnis zu den Juden auseinandersetzen können, meinte Daxner. Und weiter: „Vor

20 Jahren wußte in diesem Land niemand, was Klezmer-Musik ist. Heute füllen Giora Feidman und viele Klezmorim-Gruppen die Säle. Ich lese, daß Modekollektionen Aufmerksamkeit finden, die die Kleidung orthodoxer Juden für die Haute Couture adaptieren. Jede Stadt, jede Region publiziert die Geschichte ihres lokalen Judentums, gesammelt wird die Biographie aller Jüdinnen und Juden, die in irgendeiner Weise auffällig geworden waren oder unauffällig waren, im Lauf der Zeiten. Die populärwissenschaftliche Literatur über das Judentum hat in den letzten 20 Jahren einen Aufschwung genommen, den niemand erwartet hätte. Jüdische Studien und Stiftungslehrstühle werden beantragt, jüdische Bräuche und Mythologien geben ebenso Anlaß zu Kongressen wie das Bilderverbot. Ein jüdisches Theater wird in Berlin gegründet. Die Übersetzungen israelischer Autoren erreichen hohe Auflagen, auch die von Kriminalromanen. Und vor lauter Interesse kann ich mich kaum zurechtfinden."

Broder kann es. „Das Interesse an jüdischer Kultur und jüdischer Tradition wird rapide nachlassen, wenn es wieder eine relevante Menge leibhaftiger jüdischer Nachbarn gäbe — anstelle der Ausstellungen über die vertriebenen Nachbarn", so seine Einschätzung. Broder bringt das, was Daxner die „neue Judenliebe" nennt, auf die Kurzformel: „Je knapper das menschliche Angebot, desto größer die kulturelle Nachfrage." Das gilt — so weiß Broder — nur für Friedenszeiten. In Krisenzeiten, z. B. wie 1982 beim Einmarsch der israelischen Armee im Libanon oder 1991 während des Golfkrieges, als Abwehrwaffen nach Israel geliefert werden sollten und deutsche Pazifisten dagegen protestierten, in Krisenzeiten zeigt sich, „wie dünn das Eis ist, auf dem die Rituale der Versöhnung zelebriert werden". Broders sarkastische Schlußfolgerung lautet: Am meisten geschätzt werden – tote Juden!

Angesichts der Fülle von Publikationen zum Judentum, die mit der alten Wissenschaft vom Judentum als der intellektuellen Selbstzuschreibung nurmehr wenig zu tun habe, gibt Daxner zu bedenken, vielleicht taugten „die Juden" dazu, exemplarisch das Problem der „eigenen Anderen" in allen Dimensionen auszuloten und sich durch Erkenntnis und Wissen von einer imaginierten und über die Generationen transportierten Kollektivschuld zu befreien. Das wäre nach

Daxner eine Art von Trauerarbeit: „Selbstbeobachtung und Beobachtung von Regeln sind seit Jahrtausenden zusammenbindende Merkmale jüdischen Selbstverständnisses. Selbst die Distanzierung setzt in ganz anderem Maß Kenntnis der Gesetzesstruktur und der Herkunftslegende voraus, als dies beim Christentum und anderen Weltanschauungen der Fall ist." Unter Hinweis auf eine Textpassage aus Ruth Klügers Buch „weiter leben — Eine Jugend", in der die Autorin die Deutschen „ein Volk von Bewältigern" nennt, denen sogar ein Wort für diese Sache einfiel, das von der „Vergangenheitsbewältigung", verdeutlicht Daxner das Problem der „neuen Judenliebe". Er stellt fest: „Es stellt sich für den, der die Juden beobachtet, eine Frage, die für die Juden in Europa eine ganz andere, schreckliche Bedeutung hat: Wie hättest du dich damals verhalten?

Und es ist klar, daß, wer sich ‚jüdisch' verhalten hatte, sein Leben aufs Spiel setzte, bevor er es noch wußte. Die gleiche Frage wird in jüdischen Familien oft von älteren Mitgliedern nachträglich an die Jungen gestellt: Wenn du kein Jude gewesen wärst, hättest du zu den Nazis gehen wollen oder nicht? Die gleiche Frage, von Deutschen an uns gestellt, ist nicht nur die Aggression gegenüber denen, die auch nur Menschen sind. Es ist der hilflose Versuch, über die Herstellung von Gleichheit durch Versöhnung und vielleicht Liebe geheilt zu werden von einer ständig präsenten Vergangenheit. Abtauchen gilt nicht, Bekenntnisse erzeugen Objekte ohne viel Handlungsspielraum. Die Unauffälligkeit würde zu einer fast unerträglich masochistischen Hinnahme von Ignoranz und Antisemitismus zwingen; die Auffälligkeit erzeugt Liebe und das Gefühl neuer, nicht abgeltbarer Schuld einschließlich der damit verbundenen Entschuldigungsverfahren."

Das vorliegende Buch will über Juden und Judentum informieren; es entstand aus der langjährigen Beschäftigung des Autors mit der Thematik als Redakteur beim Norddeutschen Rundfunk und bei RADIO BREMEN. Die Radio-Sendungen der öffentlich-rechtlichen Rundfunkanstalten zum Sabbat und zu den jüdischen Feiertagen haben eine zweifache Zielsetzung: Zum einen sollen sie den wenigen unter uns lebenden Juden Vertrautes nahebringen, zum anderen die große Mehrheit nichtjüdischer Hörerinnen und Hörer mit der geistigen Welt des Judentums bekanntmachen. Das ist auch die Absicht dieses Buches. Aus dem persönlichen Erleben heraus wird der Sabbat geschildert, der wöchentliche Ruhetag in Familie und Synagoge. Die Fest- und Feiertage werden beschrieben und auch die traditionellen Bräuche von der Wiege bis zum Grab. Vor dem Hintergrund der Heiligen Schriften (Tora und Talmud) sowie der Traditionsliteratur werden zudem Fragen diskutiert, um bestehenden antijüdischen Vorurteilen begegnen zu können.

Literatur

Wolfgang Benz: Sitzen auf gepackten Koffern. Juden im Nachkriegsdeutschland. In: SPIEGEL-SPEZIAL Nr. 2/92;
Nahum Goldmann: Israel muß umdenken. Die Lage der Juden. Reinbek 1976;
Salomon Korn: Tempel und tragbares Vaterland. Die Frankfurter Westend-Synagoge als Spiegelbild jüdischer Geschichte in Deutschland. FAZ vom 31. 8. 1994;
Henryk M. Broder: Leiden an Deutschland. Deutsche Juden und Deutsche. In: SPIEGEL-SPEZIAL Nr. 2/92;
Michael Daxner: Neue Judenliebe. Gewissensentlastung oder Strategie des Vergessens? Vortrag Reihe BREMER BEITRÄGE 2. 3. 1994, Sendung 23. 3. 1994, RADIO BREMEN ZWEI.

I. Geschichte der Juden im Überblick

1. Kurzgefaßte Geschichte Israels und des Judentums

Vor Beginn der christlichen Zeitrechnung

ab 1500	Kanaan unter ägyptischer Herrschaft. Tutmosis III. (1501 bis 1447) bringt Palästina völlig in ägyptische Gewalt.
um 1400	Erschütterung der ägyptischen Herrschaft durch die Hethiter in Nordsyrien und durch die Einfälle der nomadischen Charibu (Sprachwurzel „Hebräer") in Palästina.
um 1300	Moses. Auszug der Israeliten aus Ägypten. Nach Ramses III. zerfällt das ägyptische Reich. Palästina geht Ägypten verloren.
um 1200	Landnahme der Israeliten in Palästina von Osten her, während gleichzeitig vom Westen die Philister dort Fuß fassen. Damit beginnt die kommende jahrhundertelange Auseinandersetzung zwischen den Israeliten und den Philistern.
1200—1000	Kämpfe der Israeliten mit den Kanaanitern und Philistern um den Besitz Kanaans.
um 1050	Samuel. Die Schwäche der ägyptischen und der babylonischen Großmacht ermöglicht die Bildung des israelitischen Staates.
um 1020	König Saul.
um 1000	König David.
um 970	König Salomo. Bau des ersten Tempels.
932	Reichsteilung, Nordreich (Israel) und Südreich (Juda).
722/1	Samaria, Hauptstadt des Nordreichs, vom assyrischen König Sargon erobert, Ende des Nordreichs, das assyrische Provinz wird.
608	Schlacht Judas gegen Pharao Necho bei Meggido. Die großen Propheten des Südreichs: Jesaja (740—701) und Jeremia (627—585).
597	Erste Deportation von Judäern nach Babylon.
586	Jerusalem wird von dem babylonischen König Nebukadnezar erobert, der Erste Tempel zerstört. Ende des Südreichs. Deportation der Bevölkerung, Beginn der Babylonischen Gefangenschaft.
586—536	Babylonische Gefangenschaft. Beginn des Judentums. Es bilden sich fromme Gemeinden, die an der Tradition der Väter festhalten.

538	Perserkönig Kyros (558—529), der das Babylonische Reich erobert hat, gestattet den Juden die Rückkehr nach Palästina und den Bau des Zweiten Tempels. Esra und Nehemia geben die geistigen Impulse.
515	Einweihung des Zweiten Tempels.
479	Esther wird Gemahlin des Perserkönigs Xerxes I. (485 bis 465).
400	Ausbreitung des Judentums durch Mission.
332	Alexander der Große unterwirft Syrien und Palästina. Nach seinem Tod kommt Palästina zuerst unter die Herrschaft der ägyptischen Ptolemäer (302—198).
ab 250	Hellenistische Bildung dringt in Palästina ein. Das Judentum macht seinerseits das „Gesetz" Gottes durch Übertragung ins Griechische („Septuaginta") der Welt bekannt.
ab 198	Die syrischen Seleukiden gewinnen die Herrschaft über Palästina.
168	Der Seleukide Antiochus IV. Epiphanes hebt die jüdische Religion auf. Religionskrieg von den Makkabäern (Hasmonäern) geführt.
165	Neuweihe des Tempels. Die Makkabäer gewinnen für den Staat auch die politische Selbständigkeit. Es bilden sich die religiösen Parteien der Pharisäer, Sadduzäer und Essener. In der Gemeindeleitung gewinnen die Schriftgelehrten an Boden.
63	Pompeius macht Palästina zur römischen Provinz.
37—4	Herodes der Große König unter römischer Oberhoheit. Restaurierung des Tempels.

Seit Beginn der christlichen Zeitrechnung

bis 66	Palästina unter herodianischer Herrschaft mit römischen Prokuratoren („Landpflegern"); bekanntester Prokurator: Pontius Pilatus (26—36).
30	Blütezeit des Judentums in Alexandrien, dem Zentrum der hellenistischen-jüdischen Kultur.
66	Aufstand der Juden (Zeloten) gegen die Römer in Palästina. Beginn des Jüdischen Krieges.
70	Eroberung Jerusalems und Zerstörung des Zweiten Tempels durch Titus.
73	Eroberung der Festung Massada am Toten Meer durch die Römer.
132—135	Erneute Aufstände unter Bar Kochba. Hadrian verbietet den Juden den Zugang nach Jerusalem und besiedelt die Stadt als römische Kolonie (Aelia Capitolina).
370	Der Jerusalemer Talmud wird abgeschlossen.
500	Der Babylonische Talmud wird abgeschlossen. Bis 640 Schlußredaktion des Talmuds.
638	Die Araber erobern Palästina, Jerusalem wird moslemisch.

900—1400	Epoche der jüdischen Religionsphilosophie, Jehuda Halevi (Toledo 1080 — Jerusalem 1140), Moses Maimonides (Cordoba 1135 bis Alt Kairo 1204). Blüte des spanischen (sefardischen) Judentums.
ab 1096	Judenverfolgungen während der Kreuzfahrerzeit. 1099 erobern die Kreuzfahrer Jerusalem.
1350	In Zusammenhang mit der Pest („Schwarzer Tod") taucht der Vorwurf der Brunnenvergiftung auf und führt zu schweren Judenverfolgungen.
1478	Einführung der Inquisition (außerordentliche Glaubensgerichte) gegen die Marranen in Spanien.
1492	Ausweisung der Juden aus Spanien, 1497 auch Vertreibung aus Portugal.
1639	Bildung einer großen jüdischen Gemeinde in Amsterdam.
1648/9	Niedermetzelung der Juden in der Ukraine anläßlich des Kosakenaufstands unter Chmielnitzky.
1632—1677	Spinoza, der Begründer der modernen Philosophie.
1200—1600	Kabbala (jüdische Mystik) in Palästina.
seit 1740	Bewegung des Chassidismus in Osteuropa.
1729—1786	Moses Mendelssohn. Die Aufklärung faßt im Judentum Mitteleuropas Fuß.
1782	Toleranzedikt Kaiser Josephs II.
1812	Emanzipationsedikt in Preußen.
1819	Tumulte gegen Juden in ganz Deutschland. 1835 in Hamburg, 1848 in Baden.
ab 1880	Welle des Antisemitismus: Dreyfus-Affäre in Frankreich; Stoecker-Bewegung in Deutschland; Pogrome in Rußland und Rumänien.
ab 1882	Erste moderne jüdische Einwanderungswelle in Palästina.
1933—1945	Verfolgung und Massenvernichtung der Juden im deutschen Machtbereich.
14.5.1948	Proklamation des Staates Israel.

(Zusammengestellt nach der Vorlage von Hans-Jochen Gamm: Judentumskunde, München 1964, 118 ff.)

2. Chronik jüdischen Lebens in Deutschland von der Römerzeit bis heute

70	Zerstörung des Zweiten Tempels in Jerusalem, erneuter Beginn der jüd. Diaspora.
321	Erste jüd. Gemeinden in Köln nachgewiesen; in der Römerzeit wahrscheinl. auch in Regensburg, Trier u. Worms jüd. Siedlungen.
1. Hälfte 9. Jh.	Verordnungen („Kapitularien") zum Rechtsschutz der Juden unter Karl dem Großen u. Ludwig dem Frommen, erste Blütezeit des deutschen Judentums.
10.—13. Jh.	Mainz, Speyer und Worms (nach ihren hebräischen An-

	fangsbuchstaben SCHUM genannt) sind Zentren des geistigen und kulturellen Lebens.
1096—99	Vernichtung zahlreicher jüd. Gemeinden im Rheinland während des 1. Kreuzzugs.
1147—49	Erneute Verfolgungen während des 2. Kreuzzugs.
1140—1234	Abschließende Kodifizierung des kanonischen Judenrechts (u. a. im „Decretum" Gratians von 1140/42 u. im „Liber Extra" von 1234).
1236	Beginn der kaiserl. Kammerknechtschaft mit dem Privileg Friedrichs II.
1298	Pogrome in Franken u. Bayern durch die Anhänger des Fleischermeisters Rindfleisch („Rindfleisch-Unruhen"), denen über 140 Gemeinden zum Opfer fielen.
1335—38	„Armleder"-Pogrome in Franken, im Mittelrhein-, Lahn- u. Moselgebiet sowie im Elsaß.
1348/49	Pestpogrome, weitgehende Ermordung der jüd. Bevölkerung Mitteleuropas.
seit Ende 13. Jh.	Entstehung von Ghettos bzw. Judengassen u. a. in Augsburg, Frankfurt/M., Köln, Nürnberg, Prag, Wien und Worms.
1420—1520	Vertreibung der Juden aus den meisten deutschen Städten.
seit 1475	Entwicklung des hebräischen Buchdrucks.
Ende 15./ Anfang 16. Jh.	Zuwanderung von Juden aus Spanien u. Portugal nach ihrer Verfolgung u. Vertreibung durch die Inquisition.
Mitte 16. Jh.	Seit Beginn der Gegenreformation verstärkte offizielle Zensur jüd. und hebräischer Schriften durch Aufnahme in den kirchl. Index verbotener Schriften.
17./18. Jh.	Aufkommen von Hoffaktoren („Hofjuden"), die finanzielle u. politische Dienste an den Fürstenhöfen übernahmen.
1614	Plünderung der Frankfurter Judengasse u. Vertreibung der Juden („Fettmilch-Aufstand"); 1616 Wiedereinzug.
seit 1648	Zuwanderung von Ostjuden nach den Chmielnicki-Pogromen; Zunahme messianischer Bewegungen mit Sabbatai Zewi (1626—1676) an der Spitze („Sabbatianer").
1700/14/30/ 1750	Generalreglements in Preußen, verschlechterten die Lebensbedingungen der preußischen Juden erheblich.
2. Hälfte 18. Jh.	Anfänge der Emanzipation mit Zentrum in Berlin u. Moses Mendelssohn als wichtigstem Vertreter; seitdem Berlin das geistige u. kulturelle Zentrum des deutschen Judentums.
1778	Gründung der „Jüdischen Freischule" in Berlin durch David Friedländer u. Isaak Daniel Itzig, die die Ideen der Aufklärung unter der jüd. Bevölkerung verbreiten sollte.
nach 1800	Beginn der jüd. Reformbewegung mit Abraham Geiger, Samuel Holdheim u. Israel Jacobson als wichtigsten Vertretern sowie der Neu-Orthodoxie mit Samson Raphael Hirsch u. Esriel Hildesheimer. Zunahme der Mischehen u. Konversionen zum Christentum im Zuge des Akkulturationsprozesses.

1807/08	Bürgerl. Gleichstellung in den französ. besetzten Gebieten (Rheinland u. Westfalen); seit 1808 hierarch. Gemeindesystem u. wirtschaftliche Einschränkungen im linksrheinischen Gebiet.
1812	Emanzipationsedikt, beseitigte Wohn- und Bildungsbeschränkungen sowie wirtschaftliche Einschränkungen für die preußischen Juden.
1814/15	Wiener Kongreß, Restauration von diskriminierenden Judenordnungen.
1819	„Hep-Hep"-Krawalle v. a. in Frankfurt/M., Würzburg u. Hamburg. Anfänge der „Wissenschaft des Judentums" mit der Gründung des „Vereins für Cultur u. Wissenschaft der Juden" in Berlin durch Eduard Gans u. Leopold Zunz.
seit 1830	Auswanderungswelle in die USA.
1849	Bürgerliche Gleichberechtigung der Juden durch die Nationalversammlung in Frankfurt/M. unter Mitwirkung von Gabriel Riesser; nach dem Scheitern der 48er-Revolution wieder aufgehoben.
1840—50	Höhepunkt der Auseinandersetzungen zwischen der jüd. Reformbewegung u. der Neu-Orthodoxie (1837, 1844, 1845, 1846 Rabbinerversammlungen in Wiesbaden, Braunschweig, Frankfurt/M. u. Breslau).
1854	Gründung des konservativen „Jüdisch-Theologischen Seminars" in Breslau mit Zacharias Frankel als erstem Leiter.
1869	Gleichberechtigung der Juden in Preußen u. im Norddeutschen Bund, 1871 Übernahme des Gesetzes für ganz Deutschland; Gründung des „Deutsch-Israelitischen Gemeindebundes" als Organ zur Koordination der Arbeit u. der Interessen der jüd. Gemeinden.
1872	Eröffnung der 1870 auf Initiative von Moritz Lazarus, Abraham Geiger u. Ludwig Philippson gegründeten „Hochschule für die Wissenschaft des Judentums" in Berlin.
1879/80	Berliner Antisemitismus-Streit. Beginn des modernen politischen Antisemitismus.
nach 1880	Erneute Zuwanderung von Ostjuden nach Pogromen in Polen u. Rußland; Beginn des organisierten Zionismus.
1890	Gründung des „Vereins zur Abwehr des Antisemitismus" („Abwehrverein").
1893	Gründung des „Central-Vereins deutscher Staatsbürger jüdischen Glaubens", der 1927 70000 Mitglieder hatte. Der Abwehrkampf gegen den Antisemitismus u. die proassimilatorische Position des C.-V. fand bei der Mehrzahl der deutschen Juden Zustimmung.
1896	Theodor Herzl veröffentlicht den „Judenstaat", die grundlegende programmatische Schrift des Zionismus; Gründung der „Nationaljüdischen Vereinigung" in Köln durch Max Bodenheimer; 1897 in „Zionistische Vereinigung für

	Deutschland" umbenannt, die 1914 etwa 10000, in den 20er Jahren etwa 20000 Mitglieder hatte.
1904	Gründung des „Jüdischen Frauenbundes in Deutschland" durch Bertha Pappenheim u. Sidonie Werner; 1953 Neugründung in der Bundesrepublik Deutschland.
1917	Balfour-Deklaration, in der der britische Außenminister die Gründung einer nationalen „Heimstätte" für Palästina zusagte. Gründung der „Zentralwohlfahrtsstelle der deutschen Juden". 1951 Neugründung in der Bundesrepublik Deutschland.
seit 1919	Erste größere Auswanderungswelle nach Palästina; bis 1933 wanderten jedoch höchstens 2000 deutsche Juden dorthin aus.
1920	Gründung des „Freien Jüdischen Lehrhauses" in Frankfurt/M. unter Leitung des Religionsphilosophen Franz Rosenzweig.
Januar 1933	Beginn der NS-Herrschaft; seitdem zunehmende Emigration dt. Juden — insgesamt etwa 280000, v. a. in die USA und nach Palästina.
April 1933	Boykott jüd. Geschäfte, Arztpraxen, Anwaltskanzleien u. a., sowie Entlassung jüd. Beamter aus dem Staatsdienst („Ariergesetzgebung"); Beginn der systematischen Judenverfolgungen.
September 1933	Gründung der Hilfsorganisation „Reichsvertretung der deutschen Juden" mit Leo Baeck als Präsidenten; seit 1939 von den Nationalsozialisten erzwungene Gesamtvertretung („Reichsvereinigung der Juden in Deutschland").
Juli 1935	Ausschluß der jüd. Bevölkerung vom Militärdienst.
September 1935	Nürnberger Gesetze: Juden wurden zu „Staatsangehörigen" zweiter Klasse, Mischehen u. Geschlechtsverkehr zwischen Juden und „Reichsbürgern" wurden verboten.
seit 1938	Berufsverbot u. a. für jüd. Ärzte u. Rechtsanwälte, Studenten; Universitätsausschluß.
März 1938	Jüd. Gemeinden werden als „private Vereine" deklariert.
August 1938	Pflicht zur namentlichen Kennzeichnung: Jüd. Frauen mußten den zusätzlichen Vornamen „Sara" annehmen, Männer den Namen „Israel".
November 1938	Pogrome in ganz Deutschland („Reichskristallnacht"); Entfernung jüd. Kinder aus öffentlichen Schulen; Verhängung von Wohnbeschränkungen.
seit Oktober 1939	Beginn von Deportationen aus Österreich und Böhmen-Mähren nach Polen; Deportationen aus Süddeutschland nach Südfrankreich, von dort später in das Vernichtungslager Auschwitz.
Februar 1941	Deportationen ins Warschauer Ghetto.
März 1941	Verpflichtung der jüd. Bevölkerung zur Zwangsarbeit.
September 1941	Einführung der Kennzeichnungspflicht mit dem Gelben Stern.

seit Oktober 1941	Systematische Deportationen in die Ghettos u. Vernichtungslager in Polen.
Januar 1942	„Wannseekonferenz" über die „effiziente" Verwirklichung der „Endlösung der Judenfrage" — d. h. die fabrikmäßige Ermordung der deutschen u. europäischen Juden. Insgesamt fielen dem national-sozialistischen Terrorregime etwa sechs Millionen Juden zum Opfer.
April/Mai 1945	Befreiung der letzten Konzentrationslager auf deutschem Boden.
1945/46	Nürnberger Prozeß, Internationaler Militärgerichtsprozeß gegen einige der deutschen Hauptkriegsverbrecher; Neubeginn des jüd. Gemeindelebens mit den wichtigsten Gemeinden in Berlin, Frankfurt/M. u. München.
1950	Gründung des „Zentralrats der Juden in Deutschland".
1952	„Luxemburger Abkommen" („Wiedergutmachungsabkommen") zwischen Deutschland u. Israel.
1959	Gründung der Bibliothek „Germania Judaica" in Köln.
1962	Neugründung der „Jüdischen Volkshochschule" in Berlin.
1963	Gründung des „Instituts für die Geschichte der deutschen Juden" in Hamburg.
1965	Aufnahme diplomatischer Beziehungen zwischen der Bundesrepublik Deutschland u. Israel.
1968	Gründung des Bundesverbands „Jüdischer Studenten in Deutschland".
1979	Gründung der „Hochschule für Jüdische Studien in Heidelberg" in der Trägerschaft des Zentralrats.
1982	Gründung des „Zentrums für Antisemitismusforschung" in Berlin.
1985/86	Skandal um die Premiere des Theaterstücks „Der Müll, die Stadt und der Tod" von Rainer Werner Fassbinder, die mit der Besetzung der Bühne durch Mitglieder der jüd. Gemeinde Frankfurt/M. zunächst verhindert wurde.
1986	Gründung des „Salomon Ludwig Steinheim-Instituts für deutsch-jüdische Geschichte" in Duisburg.
1986—89	Historikerstreit um die Frage der Vergleichbarkeit der fabrikmäßigen Ermordung der deutschen u. europäischen Juden unter der NS-Herrschaft mit anderen Verbrechen gegen die Menschlichkeit.
seit 1990	Zuwanderung von etwa 5000 Juden (bis Mai 1991) aus Osteuropa, besonders aus der Sowjetunion.
Januar 1991	Vereinigung der beiden Berliner Gemeinden.

(Bernhard Vogt, in: Neues Lexikon des Judentums. Herausgegeben von Julius H. Schoeps, Gütersloh/München 1992)

II. Heilige Schriften und Traditionsliteratur

Am Anfang war das Wort, heißt es in der Bibel, das Wort Gottes, von dem alles seinen Ausgang nahm. Die Bibel ist, zumindest in ihren wesentlichen Teilen, die schriftliche Fixierung der Offenbarung Gottes an Israel. Während Christen unter der Bibel die Bücher des Alten und Neuen Testamentes verstehen, ist die Bibel für gläubige Juden Mikra (das zu Lesende), die „Schrift" schlechthin, die im Zentrum des Synagogen-Gottesdienstes steht.

1. Die Hebräische Bibel (Tenach)

Die Hebräische Bibel umfaßt drei Hauptbestandteile mit insgesamt 24 Büchern. Diese Hauptbestandteile sind:
— die Tora, die fünf Bücher Mose (griechisch: Pentateuch), Lehre und Gesetz zugleich
— die Nebiim (Propheten), die prophetische Geschichtsschreibung
— die Ketubim (die „übrigen" Schriften, Hagiographien).

Die Bezeichnung „Tenach" für die Hebräische Bibel ist eine Abkürzung, ihre Konsonanten sind gleichbedeutend mit den Anfangsbuchstaben der drei Buchgruppen Tora, Nebiim, Ketubim.

1.1 Tora („Lehre")

Die Tora ist die Offenbarungsurkunde des jüdischen Volkes, von Moses dem Volk übermittelt und schriftlich fixiert um 500 v. u. Z. Das mosaische Gesetz darf als ein einschneidendes Ereignis innerhalb der menschlichen Natur gelten. Die Zehn Gebote, der Dekalog, stellen die bis heute geltenden Sittengesetze nicht nur der Juden dar.

Die Tora besteht aus den fünf Büchern Mose:

a) Bereschit (Genesis) mit der Schilderung der Erschaffung der Welt;

b) Schemoth (Exodus) mit der Erzählung vom Auszug der Israeliten aus der Knechtschaft Ägyptens und der Verkündung des Zehnworts („Zehn Gebote") durch Jahwe an Moses;

c) Wajkra (Leviticus) mit der Auflistung der Regeln für den Opferdienst der Priester (Leviten), den Speisevorschriften und den Kulthandlungen;

d) Bemidbar (Numeri) mit der Beschreibung des Weges der Juden durch die Wüste bis zur Grenze des Gelobten Landes, das Moses nicht mehr betreten durfte; die Führung ging an Josua über;

e) Dewarim (Deuteronomium) mit der Abschiedsansprache des Moses an das Volk und der Bekräftigung des zentralen Gedankens: „Höre Israel: ER unser Gott, ER Einer!"

Die Tora ist nicht in der Form eines Buches gestaltet, sondern als handgeschriebene Pergamentrolle, in 54 Wochenabschnitte gegliedert für die Tora-Lesung am Sabbat im Synagogen-Gottesdienst. Die Pergamentrolle ist auf zwei Stäbe gerollt, in der Mitte erscheint der jeweils zu lesende Wochenabschnitt. Ez chajiim, Baum des Lebens, wird der Rollstab genannt — und so wird die Tora als Ganze betrachtet: als Baum des Lebens. Die Tora-Rollen werden in der Synagoge in einem besonderen Tora-Schrein (Aron hakodesch) aufbewahrt, und sie werden im Sabbat-Gottesdienst von dort zur feierlichen Lesung „ausgehoben" sowie nach der Lesung wieder „eingehoben". Die Tora-Rollen sind reich geschmückt, sie tragen: Wimpel (Mappa), Mantel (Me ' il), Hülle und Tora-Vorhang (Parochet), Krone (Atara, Keter), Helme (Rimmonim), Schild (Tass), Zeiger (Jad), ein Deutstab als Lesehilfe. Denn man darf die Heilige Schrift nicht berühren.

Wird eine Tora-Rolle beschädigt, vergräbt man sie auf dem Friedhof.

1.2 Die Nebiim (Propheten)

Das sind die prophetische Geschichtsschreibung von Josua bis zum 2. Königsbuch und die 15 Prophetenbücher; sie gliedern sich in:

ברכו את יי המברך:
ברוך יי המברך לעולם ועד:

a) Josua
b) Richter (Schoftim)
c) 2 Bücher Samuel
d) 2 Bücher Könige
e) Jesaja
f) Jeremia
g) Ezechiel
h) die 12 sogenannten „kleinen" Propheten: Hosea, Joel, Amos; Obadja, Jona, Micha, Nachum, Habakuk, Zephanja, Haggai, Secharja (Zacharias), Maleachi (Malachias).

1.3 Die Ketubim („übrige" Schriften, Hagiographien)

a) Psalmen
b) Sprüche
c) Hiob
d) Hohes Lied
e) Ruth
f) Klagelieder
g) Koheleth (Prediger)
h) Esther
i) Daniel
j) Esra
k) Nehemia
l) 2 Bücher d. Chronik.

Die Prophetenbücher wie die „übrigen" Schriften sind — was ihre Offenbarungsqualität angeht — nicht mit der Tora gleichzusetzen. Aus den Propheten wird im Sabbatgottesdienst nur in Auswahl gelesen, von den Schriften finden nur wenige Verwendung und zwar an ganz bestimmten Tagen im Jahr. Dazu gehören nur die fünf „Festrollen" (Megilloth): Hohes Lied, Ruth, Klagelieder, Kohelet, Esther. Nebiim wie Ketubim entstanden später als die Tora, erst nach der Zerstörung des zweiten Tempels im Jahr 70 n. u. Z.

2. Bibelübersetzungen und Apokryphen

Es hat verschiedene Übersetzungen der Hebräischen Bibel ins Griechische und Aramäische gegeben, dazu Schriften in hebräischer, aramäischer und griechischer Sprache, die sich z.T. an die Bibel anlehnen und rein erzählender Natur sind.

2.1 Die griechische Bibel (Septuaginta)

Eine Übersetzung der Tora ins Griechische aus dem 1. Jahrhundert v. u. Z. für die Bibliothek von Alexandrien; Septuaginta bedeutet 70, die Übersetzung wurde so genannt, weil

72 Männer, sechs aus jedem Stamm Israels, die Übersetzung in 72 Tagen anfertigten und sich dabei herausstellte, daß alle gleich übersetzt hatten. Später erfolgte die Übersetzung der Propheten und der übrigen Schriften. Innerhalb des Judentums hat die Septuaginta keine herausragende Rolle gespielt, wiewohl Hebräisch seit dem Babylonischen Exil (6. Jahrh. v. u. Z.) keine Umgangssprache mehr war, sondern liturgische Sprache. Die Juden sprachen Aramäisch und seit etwa dem 3. Jahrh. v. u. Z. auch Griechisch. Die Septuaginta wurde vom Christentum übernommen und mit dem griechisch geschriebenen Neuen Testament zur christlichen Bibel vereinigt.

2.2 Targum

Übersetzung der Hebräischen Bibel ins Aramäische, das in der Zeit nach dem Exil zur Volkssprache in Palästina geworden war. Man verzeichnet verschiedene Targumim zwischen dem 1.—7. Jahrhundert.

2.3 Apokryphen

Bücher jüdischen Ursprungs, die aber nicht in die Hebräische Bibel aufgenommen wurden, entstanden zwischen 200 v. u. Z. und 200 n. u. Z. Sie haben sich vor allem im Christentum erhalten, das einen Teil der Apokryphen in seinen Bibel-Kanon aufgenommen hat, wobei die katholische Kirche und der Protestantismus nicht übereinstimmen.

3. Der Talmud („Studium", „Belehrung", „Lehre")

Neben der Hebräischen Bibel das Hauptwerk des Judentums, entstanden in vielhundertjähriger mündlicher Tradition. Während die Tora die Offenbarung Gottes und die Lehre des mosaischen Gesetzes darstellt, ist der Talmud die rabbinische Auslegung des mosaischen Gesetzes. Ein Werk voller Geschichten, Disputationen und Streitgesprächen, ein ungeheurer Fundus an religiösem und allgemein menschlichem Wissen, vergleichbar einer Enzyklopädie, welche die Erkenntnisse vieler Generationen von jüdischen Schriftgelehrten versammelt.

Der Talmud ist das kollektive Gedächtnis des jüdischen Volkes. „Du sollst Tag und Nacht die Tora studieren", lautet ein biblisches Gebot, das die Juden immer auch auf den Talmud bezogen haben. Die Tora kennt keinen Anfang, der Talmud kein Ende, lautet ein geflügeltes Wort. Das heißt: Wiewohl das Werk um 400 n. u. Z. schriftlich fixiert und um 500 n. u. Z. von Raw Aschi und Rawina redaktionell abgeschlossen wurde, ist der Talmud von jüdischen Gelehrten sozusagen bis auf den heutigen Tag fortgeschrieben worden. Kein anderes Volk, keine andere Religion kennt ein solches Gemeinschaftswerk, das Ausdruck der moralischen Lebensordnung ist. Der Talmud lenkt das Alltagsleben wie das rituelle Leben des bekennenden Juden. Tora und Talmud sind ihm geistiger Halt. Es gibt zwei Talmude:

3.1 den Jerusalemer Talmud, auch Palästinensischer Talmud genannt, der nicht in das offizielle Verzeichnis der Heiligen Schriften aufgenommen worden ist und somit für die religiöse Praxis nur eine untergeordnete Rolle gespielt hat.

3.2 den Babylonischen Talmud, dem die gleiche Verbindlichkeit zukommt wie der Tora. Wenn also von Talmud gesprochen wird, ist der gebräuchliche Babylonische Talmud gemeint. Er besteht aus zwei Abteilungen:
a) der Mischna (Wiederholung, Lehre)
b) der Gemara (Vollendung).

In der Mischna sind in hebräischer Sprache die von Rabbi Jehuda ha-Nassi ausgewählten Gelehrten mit ihren Lehrmeinungen erfaßt, die tanaim (Tannaiten); in der Aramäisch abgefaßten Gemara finden sich die von den amorim (Amoräern) geführten Diskussionen des Mischnastoffes, also die Kommentare dieser Schriftgelehrten. Halten wir fest: Der Talmud ist Gesetz und Gesetzeserklärung, wobei die Mischna die einzelnen Gesetze aufführt und die Gemara die Diskussionen der Gelehrten über diese Gesetze vereint.

Der Babylonische Talmud — dieser wird hier erklärt — enthält in sechs Ordnungen 63 Mischna-Traktate. Davon haben nur 36 eine kommentierende Gemara.

Die 1. Ordnung, Zeraim (Samen), beschreibt in 11 Traktaten Gesetze und Bestimmungen aus der Landwirtschaft. Die 2. Ordnung, Moed (Festzeiten), regelt in 12 Traktaten die Vorschriften über das Sabbatgebot und die Fest- und Feiertage. Die 3. Ordnung, Naschim (Frauen), enthält in 7 Traktaten die Regelungen zu Eheverträgen, Verlobung, Ehebruch, Scheidung, Gelübde bei Frauen. Die 4. Ordnung, Nezikin (Schädigungen), versammelt in 10 Traktaten Regeln des Zivil- und Strafrechts, dazu Lehrmeinungen zum Umgang mit Heiden, Götzendienst u.a. Die 5. Ordnung, Quodaschim (Heiliges), listet in 11 Traktaten die Regelungen übers Schlachten, über Schlacht- und Speiseopfer und die Gaben an die Priester des Tempels auf. Die 6. Ordnung, Teharot (Reinheit), behandelt in 12 Traktaten Reinheit und Unreinheit bei Menschen, Nahrungsmitteln, Geräten.

Mischna und Gemara sind die Unterteilungen des Talmud in seiner äußeren Form; in seiner inneren Form gliedert sich der Talmud in Halacha („Wandel") und in Haggada („Aussage, Sage"). In der Halacha ist zusammengefaßt, was die Regeln des rituellen, sozialen und ökonomischen Lebens sowie den persönlichen Status der Gläubigen betrifft. Dieser religionsgesetzliche Teil ist Wegweisung und Angebot zum Leben. Die Haggada umfaßt die erzählenden Partien, in Form von Sprüchen, Gleichnissen, Legenden, Anekdoten, darüber hinaus Bibelauslegung (Sabbat-Vortrag). Die Haggada ist gewissermaßen der philosophische oder theologische Hintergrund der Halacha, der allein normative Kraft zukommt.

Blättere in den Seiten, hat ein Weiser gesagt, blättere gut darin; denn dort findest du alles.

In der Tat. Der Talmud schreitet ein weites Feld menschlichen Handelns ab. Er ist ein Buch der Rechtswissenschaft, der Medizin und Geometrie, Geographie und Astronomie, er behandelt die Probleme des einzelnen gegenüber der Gesellschaft und das Verhalten Fremden gegenüber, er erörtert Fragen nach dem Sinn des Lebens und legt das Gesetz aus, leistet Hilfe in alltäglichen wie religiösen Konflikten, kurz: Im Talmud findet sich wirklich alles.

Wie spannend und aufregend das Studium des Talmud sein kann, hat uns ein Schriftsteller unserer Tage nahegebracht:

der aus Sighet in Rumänien stammende und in New York lebende Friedensnobelpreisträger Elie Wiesel. Er schreibt:

„Dreitausend Namen von Meistern stehen in den Traktaten des Talmud ... Alle haben auf ihre Weise zur sechshundert Jahre dauernden Erstellung des Talmud beigetragen. Oft kannten sie einander nur durch ihre Unterrichtstätigkeit, sie forderten Erklärungen voneinander, stritten sich, trennten sich, um sich schließlich wieder zu beruhigen und zu versöhnen ... Nichts und niemand konnte sich zwischen sie und ihren Auftrag stellen, der darin bestand, alles zu sammeln, miteinander zu vereinigen, abzuwägen und zu prüfen, kurzum alles festzuhalten. Die Debatten und Argumente auf beiden Seiten, die Bedenken und Befürchtungen, die Schlußfolgerungen und Entscheidungen, die Geschichten, die damit verbunden waren, alles mußte eingeschlossen und aufgehoben werden in der kollektiven Erinnerung des jüdischen Volkes. Das Verhalten zur Obrigkeit, zu den Reichen und Armen, zu Gott, zu den Fremden, zu den Frauen, zu den Verrückten, zu den Träumern, zur fernen Vergangenheit und zur noch ferneren Zukunft — alles ist im Talmud enthalten."

Der Talmud sei eine Einladung zum Diskurs, meint Elie Wiesel, eine Einladung, am Diskurs der Gelehrten teilzunehmen, ihre Argumente und Gegenargumente abzuwägen, ein Stück Erkenntnis zu gewinnen. Ein Talmud-Text beginnt mit einigen Sätzen der Mischna, der dann die rabbinische Diskussion der Gemara folgt, in der die Mischna erörtert wird. Der Gemara folgt wiederum eine Mischna. Der Talmud ist nicht die Fortsetzung der Bibel. Er ist etwas anderes: Der Talmud greift, durchaus kritisch, die Aussagen der Schrift mit den Mitteln der menschlichen Vernunft auf, nicht selten mit provokativer Schärfe. Im Talmud begegnen wir dialektischem Denken: Rabbi Akiwa sagt, Rabbi Ischmael antwortet. Erzählt wird in einer Mischung aus Anekdote und Belehrung in der Form der Rede und Gegenrede mit dem Ziel, daß sich die Wahrheit herauskristallisiere.

Rabbi Tarphon und die Ältesten alle waren in der Oberstube des Hauses Nitesa zu Ludd versammelt. Da wurde die Frage aufgeworfen: Was ist bedeutender: die Lehre oder das Tun? Rabbi Tarphon antwortete darauf und sprach: Das Tun ist die Hauptsache. Rabbi Akiwa aber antwortete entgegengesetzt: Die Lehre geht vor.

Und alle bekannten einhellig: Die Lehre geht vor, denn die Lehre führt zur Tat.

Jüdisches Denken vollzieht sich im Dialog. Im Wechselgespräch der Gelehrten werden seit altersher religiöse Fragen diskutiert und auf dem Hintergrund des praktischen Lebens entschieden. Satzung und Gesetz entwickeln sich aus der Diskussion — und die Rabbinen erscheinen als Personifikationen der verschiedenen, miteinander ringenden Lehrmeinungen, deren Grundlage die Lehre, die Bibel ist.

An dieser Stelle müssen wir — zum besseren Verständnis — auf die Entstehungszeit des Talmud und die geographische und politische Situation Israels zurückkommen. Denn das talmudische Judentum der ersten Jahrhunderte nach der Zeitenwende unterscheidet sich grundlegend vom biblischen Judentum. Dazu lesen wir bei Emanuel bin Gorion:

„An die Stelle des Tempels trat das Lehrhaus, an die des Opfers das Gebet; Rang und Bedeutung der Ältesten und Propheten im biblischen, der Priester und Hohenpriester im jüdisch hellenistischen Zeitraum nehmen nunmehr die Rabbinen und Exilarchen ein. Das Land Israel, erweitert um das jenseits des Stromes gelegene Babel, bleibt weiterhin äußerer Schauplatz der Geschehnisse; diese aber sind fast durchweg inneren Charakters. Man erinnert sich noch der biblischen Helden und Ereignisse, aber ihr Nationales ist ins Geistliche umgedeutet, die Tat wird als Wort, Kraft und Mut als Glaube verstanden. Von den geschichtlichen Personen — wie den Königen aus dem Hause der Hasmonäer und Herodianer —, die die Epoche des zweiten Tempels bezeichnen, sind nur noch Spuren verblieben."

Die Zerstörung des Tempels und mit ihm das nationale Erbe bleiben in der Erinnerung der Juden aufbewahrt. Im täglichen Leben aber regieren Religion und Religionsgesetz.

Es versteht sich, daß der Talmud im Lauf der Jahrhunderte auch Kritik und Angriffen ausgesetzt war, das unterscheidet ihn nicht von Regel-und Gesetzeswerken anderer Religionsgemeinschaften. Vor allem wird immer wieder gefragt, ob religionsgesetzliche Vorschriften, ob Gebote und Verbote, die vor vielen hundert oder gar vor mehr als tausend Jahren fixiert wurden, auch heute in einer völlig veränderten Umwelt noch Gültigkeit haben können. Unter Juden, vor allem im Staat Israel, aber nicht nur dort, stellt sich das Problem immer wieder. Dazu ein konkretes Beispiel aus dem Jahr 1992.

In einer Kleinstadt bei Tel Aviv diagnostizierten Ärzte bei einer Untersuchung im Leib einer schwangeren Frau sieben Embryos. Ein Fall, der rasches Handeln erforderlich machte, falls auch nur eines der Embryos wachsen sollte. Die Ärzte handelten. Sie entfernten drei der befruchteten Eizellen, eine vierte fiel auf natürliche Weise aus. Medizinisch war damit alles getan, um das Leben der werdenden Mutter nicht zu gefährden. Was blieb, war für die Ärzte wie für die Rabbiner das ethische Problem. War der Eingriff gestattet? Die Ärzte konstatierten:

Wenn alle sieben befruchteten Eizellen im Mutterleib geblieben wären, dann hätte sich keine entwickeln können. Aber dieser Befund allein hätte noch nicht berechtigt, einen Teil der Zellen abzutöten. Entscheidend für den erfolgten Eingriff war, daß das Leben der werdenden Mutter gefährdet war. Wenn ein Embryo das Leben der werdenden Mutter bedroht, dann muß die Existenz des Embryos vor der Existenz der werdenden Mutter zurücktreten. Denn sonst würde bereits geborenes Leben geschädigt. Das war der Grund, warum der Eingriff sanktioniert wurde. Das ist ein anschauliches Beispiel dafür, wie in einem modernen Staat, in Israel, ein Problem des praktischen Lebens unter Befragung der ethischen Traditionen gelöst wurde, konsensfähig gelöst wurde, was wichtig ist. Dennoch gab es auch Kritik in diesem Fall. Es blieben nämlich Fragen von eminenter Bedeutung offen. Das gesamte jüdische Schrifttum, der Talmud eingeschlossen, sind sich darin einig: Eine Person, die das Kind im Leib einer Mutter tötet, entweiht das, was von Gott und seiner Schöpferkraft geformt worden ist. Daraus folgern orthodoxe Rabbiner, es könne keine Abtreibung auf der Basis einer medizinischen Indikation geben. Begründung: Man darf nicht ein Leben vernichten, um ein anderes zu retten.

Das ist eine Position, die auch von Nicht-Juden vertreten wird und auch bei uns in der Diskussion um die Reform des Abtreibungsparagraphen 218 des Strafgesetzbuches eine

Rolle gespielt hat. Das zeigt, daß die jüdische Welt vor ganz ähnlichen Fragen steht wie auch andere Gemeinschaften, die für das Leben der Menschen ein bestimmtes ethisches Regelwerk vorschreiben. Im Fall der sieben Embryos kommt noch eine spezielle Frage hinzu: Welche Embryos durften im Leib der werdenden Mutter belassen werden und welche nicht? Zugespitzt formuliert: Aus welchen Embryos durften Menschen werden und aus welchen nicht? Eine Frage, die nicht zu beantworten ist, auch nicht unter Zuhilfenahme des Talmud. Vielmehr signalisiert diese Fragestellung, daß angesichts der naturwissenschaftlichen und medizinischen Fortschritte auch jüdische Rechtsüberlieferungen an ihre Grenzen stoßen.

3.3 Die Tosefta („Hinzugefügtes")

Im Gegensatz zur Mischna kanonisch nicht anerkanntes Sammelwerk der Tannaiten, parallel zur Mischna entstanden und auch wie diese angeordnet.

4. Der Midrasch („Suchen", „die Schrift erforschen")

Der Midrasch gehört wie die Haggada in die Kategorie der erzählenden Literatur, bezeichnet auch den gottesdienstlichen Vortrag im Anschluß an die Tora-Lesung in der alten Synagoge und die daraus hervorgegangene Literatur, die gemeinsam mit dem Talmud das Schrifttum der Tannaiten und Amoräer bildete. Unterschieden wird zwischen Midraschim, die stärker halachisch sind, also mehr gesetzlich orientiert, und solchen, die haggatischer Natur sind, also erzählerisch-erbaulich.

4.1 Religionsgesetzlich ausgerichtete Midraschim sind:

a) Mechilta (Meßschnur) zum Buch Exodus
b) Sifra (Buch) zum Buch Leviticus
c) Sifre (Bücher) zum Buch Numeri und Deuteronomium, wobei der Midrasch zu Numeri, wahrscheinlich aus der Schule von Rabbi Akiba stammend, als verschollen gilt.

4.2 Narrative Midraschim sind:

a) der Midrasch rabba (großer Midrasch) zum Penateuch, den 5 Büchern Mose
b) der Midrasch rabba zu den fünf Megilloth (Rollen), die für den Synogogen-Gottesdienst von Bedeutung sind : die Rollen Kohelet, Esther, Hohelied, Ruth, Klagelieder
c) Midraschim zur Schrifterklärung im Synagogen-Gottesdienst, darunter Pesikta rabbati, eine Sammlung von 48 Homilien (Predigten)
d) Midrasch Tanchuma zum Buch Leviticus.

Zur jüdischen Traditionsliteratur zählt mehr, als hier im Detail beschrieben werden kann. Wenigstens in Stichworten seien erwähnt:

— Der Pijut, die religiöse Dichtung für die Liturgie der Synagoge, beginnend im 7. Jahrhundert n. u. Z., sowie die mittelalterlichen Elegien und Klagelieder.
— Die spätere rabbinische Literatur mit berühmten Bibelerklärungen, Kommentatoren des Talmud wie Raschi und seine Schule und Maimonides (12. Jahrhundert).
— Die Chidduschim (Novellen), eine Sammlung von zusammenfassenden Abhandlungen zu Fragen des Talmud.
— Die Responsen-Literatur mit Antworten von großen Talmudgelehrten (Gaonim) auf schriftliche Anfragen aus den Gemeinden, Antworten mit dem Charakter und der Verbindlichkeit von Rechtsgutachten bzw. Rechtsbescheide.
— Die Werke der Kabbala (Überlieferung), wie die jüdische Mystik genannt wird. Hauptwerk ist der Sohar (Glanz) aus dem 13. Jahrhundert, der in seiner Bedeutung neben Bibel und Talmud steht, von dem spanischen Kabbalisten Moses de Leon verfaßt wurde und in der Form eines Midrasch zum Pentateuch geschrieben ist.
— Die Mischne Tora (Gesetzesübersicht), ein anspruchsvolles literarisches Werk, Ende des 12. Jahrhunderts geschrieben von Rabbi Moses ben Maimon aus Cordoba, weltbekannt als Maimonides, innerhalb des Judentums auch Rambam genannt. Es war üblich, daß die nachtalmudischen Gelehrten einen meist aus ihren Initialen montierten Kurznamen bekamen. Maimonides faßte die Ergebnisse jahrhundertelanger rabbinischer Gelehrsamkeit zusammen und ordnete das Material der Überlieferung nach den Maßstäben kritischer abendländischer Gelehrsamkeit. Das Studium dieses Buches, abgeleitet aus dem Talmud, mit einer alles übersichtlich machenden Inhaltsangabe, ersetzte die Schwerstarbeit, sich durch die Talmudfolianten hindurcharbeiten zu müssen. Die Mischne Tora blieb nicht unumstritten, sie löste unter Gelehrten sogar Stürme der Entrüstung aus. Der Hauptvorwurf lautete: Moses ben Maimon hat sich am Talmud vergangen, sein Werk ist eine Anmaßung, er entscheidet schwierigste Fra-

gen von Lehre und Praxis, vor denen zuvor die bedeutendsten Gaonim (geistige Führer und Gelehrten) kapituliert hatten. Für Herman Wouk, den amerikanischen Bestseller-Autor („Die Caine war ihr Schicksal"), ein Schriftsteller, der sich intensiv auch mit seinem Judesein beschäftigt und darüber publiziert hat, ist die Mischne Tora des Maimonides „die Hauptgrundlage für unser gegenwärtiges Gesetz und ein wichtiges Werkzeug zum Studium des Talmud. Bis heute ist Maimonides fraglos die größte juristische Autorität, die das Judentum seit dem Talmud hervorgebracht hat." Maimonides sei seiner Zeit um sieben Jahrhunderte voraus gewesen, meint Wouk, sein „Modernismus" wurde bekämpft, während heute sein Credo das ganze wissenschaftliche jüdische Studium beherrsche. Das Credo: „Kein Teil des menschlichen Wissens hatte keinen Platz im Judentum und durfte außer Acht gelassen werden. Wenn die Tora Gottes Wort war, dann war sie mit jedem Satz mit der Welt der Natur verbunden; und je mehr sich die Erkenntnis der Welt erweiterte, um so weiter mußte das Tora-Studium ausgedehnt werden." Maimonides wollte keinen kodifizierten Talmud vorlegen, sondern ein einigermaßen leicht handhabbares und für die Praxis des Lebens benutzbares Nachschlagewerk des jüdischen Gesetzes. Dieser Erfolg blieb ihm versagt; auf seinen Arbeiten aufbauend schaffte das:

— Der Schulchan Aruch („Gedeckter Tisch"); er ist der jüdische Religionskodex, das Gesetzbuch für die Praxis des jüdischen Lebens, nicht für die Studierstube und den Lehrsaal wie der Talmud, der zwar nahezu alle Zusammenhänge eines Problems erforscht und diskutiert, aber kaum je unbestritten Recht kodifiziert. Der Schulchan Aruch hat eine lange und komplizierte Geschichte, die zu Teilen in Spanien, Deutschland und schließlich in Safed/Israel spielt, wo Rabbi Joseph ben Ephraim Karo sozusagen letzte Hand anlegt an das Werk und ihm seine systematische Ordnung gibt. Die Erstausgabe erscheint 1564 in Venedig.

Der Schulchach Aruch besteht aus vier Teilen:

a) Orach Chajim („Wege des Lebens"), der die Vorschriften für das religiöse Alltagsleben enthält einschließlich des Sabbat, der Feier-, Fest- und Fasttage.

b) Jore Deah („er lehrt Erkenntnis"), der die Speisevorschriften enthält, außerdem die Vorschriften zum Tora-Studium, zur Verehrung der Eltern und Lehrer, für Wohltätigkeit, Dienste an Kranken und Sterbenden, Trauervorschriften, ferner Vorschriften über Reinheit, Gelübde und Eid, Verbot von Wucher und vieles andere mehr.
c) Ewen ha-Eser („Stein der Hilfe") mit dem Familienrecht, enthält die umfangreiche Ehegesetzgebung.
d) Choschen ha-Mischpat („Schild des Rechts") mit dem vollständigen jüdischen Recht. Herman Wouk nennt den Schulchan Aruch den „Blackstone des jüdischen Rechts". Dieser Kodex bietet die Norm der angewandten jüdischen Rechtsprechung. Niemand habe voraussehen können, daß ausgerechnet dieser Kodex die Offenbarung am Sinai in das 20. Jahrhundert hinüberretten sollte. Bis zum heutigen Tag, fünfhundert Jahre, nachdem Joseph Karo ihn schrieb, sei kein ebenbürtiger Rivale in Sicht. „Er bildet den Leitfaden jeder rabbinischen Ausbildung; mit seinen Kommentaren und späteren Rechtsentscheidungen stellt er das heute gültige jüdische Gesetz dar; und auf dieses Buch beruft man sich gewöhnlich, wenn man einen Rabbiner um eine Entscheidung bittet", schreibt Herman Wouk über „den gedeckten Tisch".

— Das Sefer Chassidim der Bewegung Chassidej Aschkenas, das Buch der Frommen Deutschlands aus der Mitte des 12. Jahrhunderts. Bis ins 16. Jahrhundert bestimmte dieser deutsche Chassidismus das religiöse Leben der deutschen Juden. Diese Bewegung ist nicht zu verwechseln mit dem Chassidismus der Neuzeit, der jüdischen religiösen Erneuerungsbewegung des osteuropäischen Judentums, im 18. Jahrhundert von Israel ben Elieser, dem Bal Schem Tov („Meister des guten Namens") begründet, eine Reaktion auf die Katastrophe des Sabbatianismus. Der osteuropäische Chassidismus hat — in der Sprache des Volkes, dem Jiddischen — eine reiche Literatur hervorgebracht, die im Westen durch Übersetzungen, vor allem von Martin Buber, bekannt geworden ist. Der letzte große in Jiddisch schreibende Schriftsteller war der aus Polen stammende, seit den 30er Jahren in den USA lebende Literaturnobelpreisträger Isaac Bashevis Singer. Er starb 1991 in Miami.

Aus dem Babylonischen Talmud
§ 25. Rabh und Samuel

a) R. Zutra, der Sohn des Tobija, sagte im Namen Rabhs: Wer eine Naht am Sabbath zusammenzieht, ist ein Sündopfer schuldig; wer etwas von einem Magier lernt, verdient den Tod; und wer die Sonnenwenden und den Planetenlauf zu berechnen versteht und dies nicht tut, von dem darf man nicht sprechen. Über „Magie" streiten Rabh und Samuel: der eine sagt, darunter ist die Zauberei zu verstehen, der andere sagt, darunter ist die Gotteslästerung zu verstehen. Es ist zu schließen, daß Rabh es ist, der darunter die Gotteslästerung versteht: R. Zutra, der Sohn des Tobija, sagt nämlich im Namen Rabhs: Wer etwas von einem Magier lernt, verdient den Tod; wie könnte man demnach sagen, darunter sei Zauberei zu verstehen, [diesbezüglich] heißt es ja nur (Dt. 18,9): „Du sollst dies nicht lernen, um solches nachzuahmen", wohl aber darfst du des Wissens wegen und des Lernens wegen lernen. Schließe dies hieraus (Sabbath 75a).

b) Mischna: Man darf in Palästina kein Kleinvieh züchten, in Suria und in den wüsten Gegenden Palästinas ist es gestattet; man darf in Jerusalem keine Hühner züchten, wegen des Heiligen (Opferfleisches, um dieses vor Unreinheit zu bewahren). Priester dürfen dies auch im ganzen Lande Israels nicht, wegen der Reinheit (der priesterlichen Speisen). Schweine dürfen nirgends gezüchtet werden, Hunde nur dann, wenn sie an der Kette liegen. Man darf nicht Netze nach Tauben innerhalb von dreißig Riß (= 4 Meilen) von einer bewohnten Ortschaft aufstellen.

Gemara: R. Huna sagte im Namen Rabhs: Wir haben uns in Babylonien in bezug auf Kleinviehzucht den Palästinensern gleichgestellt (Baba k. 80a).

c) Samuel lehrte: So wie es verboten ist, aus Palästina nach Babylonien auszuwandern, so ist es auch nicht gestattet, aus Babylonien nach anderen Ländern zu ziehen (Kethub. 111a).

d) Samuel sagte: Man darf zu den Maßen und zu den Münzen nicht mehr als ein Sechstel hinzufügen und man darf nicht mehr als ein Sechstel verdienen (Baba k. 90a).

e) Mischna: Alle Dokumente, die von heidnischen Behörden ausgefertigt wurden, sind gültig, obgleich die Unterfertigten Heiden sind, — ausgenommen Scheidebriefe der Frauen und Freibriefe der Sklaven. Rabbi Schimeon sagte: Auch diese sind gültig. Die Ausnahme wurde nur gemacht, wenn sie von Laien ausgefertigt wurden.

Gemara: Er [der Verfasser der Mischna] faßt alle zusammen, ohne zu unterscheiden zwischen Kaufverträgen und Schenkungsurkunden (alle sind gültig)! Wenn er das nun bloß bei Kaufverträgen (gesagt hätte), wo er (der Käufer das Objekt) durch das Bezahlen des Kaufpreises erworben hat und der Kaufvertrag nichts weiter ist als ein Beweis hierfür. — (Als solcher ist er gültig), da sie, die heidnischen Behörden, nicht so unredlich gewesen wären und kein Dokument ausgestellt hätten, wenn er das Geld nicht vor ihnen erlegt hätte. — Aber bei Schenkungsurkunden, wodurch wird denn das geschenkte Objekt erworben? nicht durch die Urkunde? Die Urkunde kann doch aber, wenn sie von Heiden ausgestellt ist, keine Gültigkeit haben? Samuel erwiderte: Das Gesetz der Regierung ist gültiges Gesetz (Gittin 10b).

f) Rabba sagte: Drei Lehren überlieferte mir der Exilarch Ukban ben Nechemjah im Namen Samuels: Das Gesetz der Regierung ist gültiges Gesetz. Das Ersitzungsrecht der Perser wird in 40 Jahren erworben und bei den Feldern der Grundbesitzer, die wegen der Grundsteuer verkauft wurden, ist der Verkauf rechtskräftig; das galt aber nur [bei Zwangsverkäufen] wegen der Grundsteuer, nicht aber wegen der Kopfsteuer. Warum? Weil diese auf das Haupt des Mannes auferlegt wurde (Baba b. 55a).

Der Glaube des Judentums
Aus einem Vortrag von Martin Buber

Man hat oft die Frage aufgeworfen, ob es eine jüdische Dogmatik gibt. Man sollte eher nach der relativen Mächtigkeit des Dogmas im Judentum fragen. Daß es in ihm Dogmen gibt, bedarf keiner Erörterung, da die dreizehn maimonideischen Glaubensartikel in die Gebetsordnung aufgenommen worden sind. Aber das Dogma bleibt sekundär. Primär im religiösen Leben des Judentums ist nicht das Dogma, das ja erst in der Abhebung vom konkreten, gelebten Augenblick — die in der Dogmatik leicht als Erhebung über ihn mißverstanden wird — erstehen kann, sondern Erinnerung und Erwartung einer konkreten Situation: der Begegnung Gottes mit dem Menschenvolk. Alles, was in abstracto, was in der dritten Person vom Göttlichen ausgesagt wird, jenseits des Gegenüber von Ich und Du, ist nur Projektion auf die begriffliche, konstruierte Ebene, eine Projektion, die immer wieder als uneigentlich, wenn auch unentbehrlich, empfunden wird.

Von hier aus ist das Problem des sogenannten Monotheismus zu betrachten. Israels Du-Erfahrung der direkten Beziehung, die schlechthin singularische Erfahrung, ist so gewaltig, daß die Vorstellung einer Mehrheit von Prinzipien nicht aufkommen kann. Demgegenüber ist der „Heide" der Mensch, der Gott in seinen Erscheinungsformen *nicht wiedererkennt*; vielmehr: der Mensch ist in dem Maße Heide, als er Gott in seinen Erscheinungsformen nicht wiedererkennt.

Die Grundhaltung des Juden ist durch den Begriff des *Jichud*, der „Einung", bezeichnet, der vielfach mißverstanden wird. Es geht um die unablässig erneute Bestätigung der göttlichen Einheit in der Vielfältigkeit der Erscheinungen, und zwar ganz praktisch gefaßt: immer wieder geschieht durch menschliche Wahrnehmung und Bewährung, angesichts der ungeheuren Gegensätzlichkeit des Lebens und insbesondere angesichts jenes sich mannigfaltig kundgebenden Ur-Widerspruchs, den wir die Zweiheit von Gut und Böse nennen, dieser Gegensätzlichkeit nicht zum Trotz, sondern zu Liebe und Versöhnung, die Einung, d. h.: die Erkennung, Anerkennung, Wiedererkennung der göttlichen Einheit. Nicht im Bekenntnis allein, sondern in der Erfüllung des Bekenntnisses. Also keineswegs in pantheistischem Theorem, sondern in der Realität des Unmöglichen, in der Verwirklichung des Ebenbildes, in der imitatio Dei. Das Geheimnis dieser Wirklichkeit vollendet sich im Martyrium, im Sterben mit dem Einheitsruf des „Höre Israel" auf den Lippen, der hier zur Bezeugung im lebendigen Sinn wird.

Ob der Weise des Mittelalters redet: „Mein Gott, wo finde ich Dich, aber wo finde ich Dich nicht?", ob der heutige ostjüdische Bettler in das Grauen der härtesten Stunde zärtlich und unbeirrbar seinen nicht zu übersetzenden, einfältigen, aber in der Aussprache so abwandlungsreichen Kosenamen „Gotenju" hineinflüstert: es ist das gleiche Wiedererkennen, das gleiche Immer-wieder-Anerkennen des Einen.

Was so zu erhabenem oder kindhaftem Ausdruck kommt, ist die dialogische Situation, in der der Mensch steht.

Die Sprache wird vom Judentum als ein über das Dasein des Menschen und der Welt hinausgreifendes Geschehen erkannt. Gegenüber der Statik der Logosidee erscheint hier das Wort in seiner vollen Dynamik, als das, was sich begibt. Der Schöpfungsakt Gottes ist Sprache; aber auch jeder gelebte Augenblick ist es. Die Welt wird dem sie wahrnehmenden Menschen zugesprochen, und das Leben des Menschen selbst ist ein Zwiegespräch. Was ihm widerfährt, sind die großen und kleinen, unübertragbaren, aber unverkennbaren Zeichen einer Anrede; was er tut und läßt, kann Antwort oder Versagen der Antwort sein. Und so ist die ganze Geschichte der Welt, die heimliche, wirkliche Weltgeschichte, ein Dialog zwischen Gott und seiner Kreatur; ein Dialog, in dem der Mensch echter, rechtmäßiger Partner ist, der sein eigenes selbständiges Wort von sich aus zu sprechen befugt und ermächtigt ist.

Ich bin weit entfernt davon, zu behaupten, daß die Erfahrung und Erfassung der dialogischen Situation eine Besonderheit des Judentums sei. Aber es ist mir gewiß, daß keine andere Menschenschar an diese Erfahrung solche Kraft und Innigkeit hingegeben hat wie die Juden.

Literatur

Die Schrift. Aus dem Hebräischen verdeutscht von Martin Buber gemeinsam mit Franz Rosenzweig. 4 Bände, Gerlingen 1976, Stuttgart 1992;
Neue Jerusalemer Bibel. Einheitsübersetzung mit dem Kommentar der Jerusalemer Bibel. Deutsch herausgegeben von Alfons Deissler und Anton Vögtle in Verbindung mit Johannes M. Nützel, Freiburg/Basel/Wien 1985;
Die Heilige Schrift. Altes und Neues Testament. Vollständige Ausgabe nach den Grundtexten übersetzt von Vinzenz Hamp, Meinrad Stenzel, Josef Kürzinger, Bonn 1966;
Der Talmud. Ausgewählt, übersetzt und erklärt von Reinhold Mayer, München 1963/1980;
Elie Wiesel: Die Wahrheit des Talmud. Geschichten und Porträts, Freiburg/Br. 1992;
Geschichten aus dem Talmud. Herausgegeben und übertragen von Emanuel bin Gorion, Frankfurt/Main 1985;
Herman Wouk: Das ist mein Gott. Glaube und Leben der Juden, Hamburg 1984;
Talmudproben. Von Rabbiner Dr. S. Funk, Berlin und Leipzig 1921;
Der Sohar. Das heilige Buch der Kabbala. Nach dem Urtext ausgewählt, übertragen und herausgegeben von Ernst Müller, München 1982/1993;
Jüdischer Glaube. Eine Auswahl aus zwei Jahrtausenden. Herausgegeben von Kurt Wilhelm. Birsfelden/Basel o. J.

III. Der Sabbat in Familie und Synagoge

1. Zu Gast bei einer jüdischen Familie

„Es ward Abend, es ward Morgen, ein Tag." So heißt es im biblischen Schöpfungsbericht. Juden nehmen das Bibelwort genau, und so beginnt nach jüdischer Zeitrechnung der Tag nicht um Mitternacht, sondern mit dem Sonnenuntergang des vorhergehenden Tages; und er endet auch wieder mit dem Sonnenuntergang. Daher beginnt der jüdische Ruhe-und Feiertag, der Sabbat, nicht erst am Samstag, sondern bereits am Freitag abend.

Und dieser Freitag abend steht ganz im Zeichen der Familie. Ich bin Gast einer jüdischen Familie, Frau M. hat mich eingeladen. Ich bin etwas früher gekommen, um vor der eigentlichen Sabbat-Feier im Kreis der Familie mich mit meiner Gastgeberin über die häuslichen Sabbatbräuche unterhalten zu können. Ihr Mann und die Kinder sind noch in der Synagoge, wo der Abendgottesdienst allmählich zuende geht.

„Zunächst einmal ist es so, daß die Frau in der Familie für die Vorbereitung des Sabbat am meisten Arbeit hat", sagt Frau M. „Denn das Hauptessen, das Familienmahl, findet am Freitag abend statt; es ist das Hauptmahl der ganzen Woche, so wie anderswo in Familien das traditionelle Sonntagsessen. Das erfordert natürlich eine Menge Zeit und ist für eine berufstätige Frau mit viel Lauferei und einer Menge Arbeit verbunden. Wenn der Vater mit den Kindern aus der Synagoge kommt, muß alles vorbereitet sein: das Haus geputzt, das Essen zum Auftragen bereit, pünktlich bei Einbruch der Dunkelheit habe ich auch die Kerzen angezündet."

Die Synagoge kennt keinen Altar, nur ein Vorlesepult. Nach jüdischem Verständnis ist der Altar der Tisch eines jeden jüdischen Hauses. Auch meine Gastgeberin fühlt sich diesem Verständnis verpflichtet. Sie ist eine moderne, berufstätige Frau, die die alten religiösen Traditionen mit den Ge-

gebenheiten unserer Zeit zu verbinden sucht. „Wenn der Ehemann ein emanzipierter Mann ist, wird er seiner Frau auch etwas im Haushalt helfen", sagt Frau M. lächelnd. Inzwischen sind der Mann und die Kinder aus der Synagoge nach Hause gekommen, die Familie tritt mit ihrem Gast an den Sabbat-Tisch. Zuvor sind die Kinder von den Eltern durch Auflegen der Hand aufs Haupt gesegnet worden, „gebenscht" (vgl. lat. benedicere). Der Segensspruch, der über die Jungen gesprochen wird, lautet: „Jesimcha elohim ke-efraim wechimenasche" („Es mache dich Gott wie Ephraim und Menasse"). Der Spruch über die Mädchen heißt: „Jesimech elohim ke-sara, ribka, rachel, we-lea" („Es mache dich Gott wie Sara, Rebekka, Rahel und Lea").

Der Sabbat-Tisch ist liebevoll und festlich gedeckt, am Platz des Ehemannes und Vaters steht ein Kelch mit Wein, daneben liegen die Sabbat-Brote unter einer kunstvoll gestalteten Decke. Die Brote sind länglich geflochten und werden „Barches" (von hebräisch Berchot, d.h. Segen) oder „Challe" genannt, also Brote, über die der Segen gesprochen wird. Der Ausdruck „Challe" hängt mit einer alten Sitte zusammen, mit der Vorschrift, vom Teig ein Stück abzubrechen und einem Mann aus dem Priesterstamm zu überlassen. In Erinnerung an diese Vorschrift wird vom Teig der Festbrote ein Stück, das Challe genannt wird, weggenommen und im Ofen verbrannt.

Mit der Segnung der Kinder hat die Familienfeier des Sabbat begonnen. Weil ein Gast dabei ist, erklärt Frau M. die Zeremonie: „Also, ich zünde jetzt die Kerzen an und sage in Hebräisch: Gelobt seist du Herr, unser Gott, König der Welt, der du uns geheiligt hast durch deine Gebote und uns geheißen hast, die Sabbat-Lichter anzuzünden (Frau M. zündet die Kerzen an und spricht den Spruch in Hebräisch). Amen. Schabbat schalom. Jetzt ist Ivan dran. (Ivan spricht, gleichfalls in Hebräisch, den Segen über den Wein: Baruch Adonoj ...) Gelobt seist, du, Ewiger, König der Welt, der du die Frucht des Weinstockes erschaffen und uns deinen heiligen Sabbat in Liebe und Wohlgefallen zum Anteil gegeben hast als Gedenken des Schöpfungswerkes und an den Auszug aus Ägypten. Amen. (alle) Amen. Amen. Jetzt trinken nach der Reihe alle aus Ivans Glas, zuerst die Männer, dann die Frauen, das ist bei

אשכחך
תשכח ימיני

uns so Sitte." Dann folgt der Segensspruch über die Brote, dazu wird das Tuch abgenommen, Ivan fährt mit dem Messer über das Brot und spricht wieder in Hebräisch den Segensspruch. Nun schneidet Ivan das Brot, tut Salz darauf und gibt jedem von uns ein Stück des salzbestreuten Brotes. Das ist Zeichen der Anspruchslosigkeit, die ein Weg zur Tora ist, wie es in den Sprüchen der Väter heißt. „Nur an Rosch Haschana, am Neujahrsfest, machen wir Honig aufs Sabbat-Brot, damit das Jahr süß wird. So, Schabbat Schalom, jetzt wollen wir essen."

Das Essen ist vorzüglich, wie auch der Wein, der aus Israel kommt. Alle langen kräftig zu, während mir Frau M. das Sabbat-Mahl erläutert. Jede Familie habe — regional geprägt — ihre Traditionen. Eine Familie aus dem Osten werde beispielsweise die schwere ost-jüdische Küche bevorzugen, während eine Familie, die aus Israel hier sei, leichtere Speisen bevorzuge, vor allem Salate. „Also, bei uns ist es so: Ich mache am Freitag abend außerordentlich gerne gehackte Leber mit Zwiebeln als Vorspeise, das ist eine traditionelle, äußerst schwere Speise mit viel Gänsefett zu der Geflügelleber und den Zwiebeln und den Eiern usw. Dann folgt traditionell eine Hühnersuppe, das sogenannte Hauptgericht ist dann nicht mehr wichtig, klar, wichtiger sind Vorspeise und Suppe und schließlich der Nachtisch: ein Kompott." Frau M. macht mich darauf aufmerksam, daß Juden gemäß ihren Speisegesetzen Fleischiges und Milchiges nicht miteinander vermengen. So wird man nach der gehackten Leber auch nicht Kuchen mit Schlagsahne essen. Auch gibt es keine Sahnesoße zum Fleisch, und deshalb auch ist der traditionelle Nachtisch Kompott aus Obst.

Unterbrochen wird das Sabbat-Mahl immer wieder von frommen und auch fröhlichen Gesängen. Meine Gastgeber singen auch das „Alwinu Malkenu", die große Litanei „Unser Vater, unser König", ein Bittgebet, dessen Vortrag zum Sabbat wie zu den hohen Feiertagen gehört.

Worin für sie die zentrale Bedeutung des Sabbat bestehe, frage ich meine Gastgeber. Auch auf diese Frage erhalte ich bereitwillig Antwort:

„Die zentrale Bedeutung des Sabbat ist die Ruhe. Früher wie heute. Als der Sabbat entstand, vor über 4000 Jahren war dies ‚Du sollst nicht arbeiten und auch nicht der Fremde in deiner Mitte und auch nicht das Vieh am siebten Tag' eine revolutionäre Tat. Wir finden den siebten Tag als Tag absoluter Ruhe eine große soziale Tat und Errungenschaft. Der Sabbat ist für uns noch immer ein Tag der Ruhe: man klinkt sich aus dem Alltag, man bezieht sich ganz auf sich, was überhaupt nichts mit Frömmelei zu tun hat, aber dieser Tag ist ein besonderer Tag im Verhältnis zu allen anderen Tagen der Woche. Am Sabbat zu arbeiten, seine Arbeit fortzusetzen, also nicht innezuhalten und auszuruhen, das wird diesem Tag nicht gerecht, und wo es geschieht, ist das eigentlich sehr schade. Wir gestehen, daß wir es gelegentlich tun, weil uns hin und wieder keine andere Wahl bleibt, aber: wir vermissen etwas, wenn wir den Sabbat nicht gehalten haben, die Ruhepause nicht gehabt haben."

Die Kerzen des Sabbatleuchters sind fast heruntergebrannt, die Kinder sind müde geworden.

Man merkt ihnen an, daß tatsächlich ein Festtag für sie zuendegeht. Was soll den Kindern am Sabbat vermittelt werden? frage ich noch. „Ich denke, Freude und Sinnlichkeit", antwortet Frau M. „Nicht wahr, Sinnlichkeit im Sinne von: man ißt gut, man sitzt warm und gemütlich beisammen, es ist eine festliche Atmosphäre. Die Kinder nehmen das mit allen ihren Sinnen auf, und sie sind immer miteinbezogen, auch beim Freitag-abend-Gottesdienst in der Synagoge, wenn der Sabbat beginnt. Und so auch in der Familie. Die Mädchen fangen sehr früh schon an, in Hebräisch den Segen über die Kerzen zu sagen und ihre eigenen Kerzen anzuzünden."

Sabbat, Ruhetag. Im buchstäblichen Sinne, wie es in der Bibel steht:

„Zwischen mir und den Kindern Israel sei er ein Zeichen für ewig, daß der Ewige in sechs Tagen gemacht den Himmel und die Erde und am siebten Tag aufgehört und gefeiert hat." (Ex 31,17) Es ist spät geworden, als ich mich von meinen Gastgebern verabschiede. Ihre Gedanken richten sich auf den nächsten Tag, auf den Sabbat morgen mit dem Sabbat-Gottesdienst, den die Familie besuchen wird. Gemeinsam werden sie am Gemeindegebet und am Gemeindegesang in der Synagoge teilnehmen.

2. Zu Gast in der Synagoge

„Es ward Abend, es ward Morgen, ein Tag." Juden nehmen, wie gesagt, den biblischen Schöpfungsbericht sehr ernst. Und das heißt: Der Sabbat beginnt bereits am Freitag abend nach Sonnenuntergang — und er beginnt mit einem Abendgottesdienst in der Synagoge.

Stellen Sie sich also vor, es ist Freitag abend, kurz vor halb sieben Uhr, wir befinden uns in einer deutschen Stadt vor der örtlichen Synagoge, über deren Hauptportal der Jesaja-Vers geschrieben steht: „Mein Haus ist eine Stätte des Gebets für alle Völker." Daher dürfen auch, was nicht allgemein bekannt ist, Nicht-Juden am Sabbat-Gottesdienst teilnehmen.

Der Platz vor der Synagoge belebt sich, man kennt sich und begrüßt einander herzlich, dann begibt man sich zusammen mit den Kindern ins Innere der Synagoge. Während die Frauen und Mädchen auf der Empore Platz nehmen, Männer und Frauen sitzen im Gottesdienst getrennt, gehen die Männer an ihre Plätze, die fast ausnahmslos Namensschildchen tragen. Der Kopf der Männer und der Knaben ist mit der Kippa bedeckt, einem flachen Käppchen: Zeichen der Demut und Ehrfurcht vor Gott. Jeder der Männer entnimmt dem Pult vor seinem Platz Gebetbuch und Tallit, den Gebetsmantel, der wie eine breite Stola ausschaut, und legt ihn an. Nachzügler sind gekommen, gehen auf die bereits Anwesenden zu und begrüßen sie, man spricht — durchaus nicht leise — miteinander. Es herrscht eine entspannte, freundschaftliche Atmosphäre, sehr verschieden von der eher weihevollen Atmosphäre in christlichen Kirchen. Auch das gelegentliche Winken der Männer hinauf zur Empore, zu den Frauen, berührt den Fremden angenehm. Mein Blick geht von der nun zahlreicher versammelten Gemeinde durch den Raum. Ich erblicke das mir aus der Kirche vertraute sogenannte Ewige Licht, hier Erinnerung an das stets brennende Tempelfeuer. Kleine Lichter brennen zum Gedenken der Opfer in der Nazi-Zeit und gemahnen an jüngst verstorbene Gemeindemitglieder.

An der Ostseite der Synagoge, jener, die Jerusalem zugewandt ist, erblicke ich den heiligen Schrein. Hinter einem reich bestickten Vorhang befinden sich Tora-Rollen, die kunstvoll auf Pergament geschriebenen fünf Bücher Mose, aus denen in einem Jahreszyklus von 54 Abschnitten im Sabbat-Gottesdienst vorgelesen wird. Neben dem Schrein, auch Lade genannt, hat der Rabbiner seinen Sitz. Eine Orgel oder ein Harmonium entdecke ich nicht. In den deutschen Gemeinden wird heute ein orthodox-jüdischer Gottesdienst deutsch-polnischer Prägung gefeiert. Dieser Gottesdienst unterscheidet sich deutlich von dem der amerikanischen Reformgemeinden, aber auch von den Gottesdiensten liberaler Prägung, wie sie in deutschen jüdischen Gemeinden vor der nazistischen Judenverfolgung üblich waren. Der orthodoxe Gottesdienst schließt Musikinstrumente aller Art aus und folgt einer festgefügten Liturgie, dem Siddur, d. h. „Ordnung".

Inzwischen hat der Freitagabend-Gottesdienst begonnen. Der Kantor oder Vorbeter, in einen langen schwarzen Talar gehüllt, ist an sein Pult vor der heiligen Lade getreten und hat — auf Hebräisch — mit dem Abendgebet begonnen: teils leise, teils rezitativ im Wechsel von Vorbeter und Gemeinde vorgetragenen Psalmen, denen sich das Sabbat-Lied „Lecha Dodi" des Mystikers Salomo Alkabez anschließt, das Herder ins Deutsche übertragen hat: „Komm, mein Freund, der Braut entgegen, wir wollen den Sabbat empfangen." Dieses über vierhundert Jahre alte Lied, das ein Glanzstück für den Kantor ist, kündet vom messianischen Friedensreich — Jerusalem ersteht aus der Zerstörung, das Volk Israel findet Ruhe und Sicherheit, die Zeit des dauernden Sabbats be-ginnt. Bei der letzten Strophe wendet sich die Gemeinde zur Tür, wie um den „eintretenden" Sabbat selber zu empfangen. Die Gemeinde empfängt sinnbildlich die „Sabbatbraut und Königin". Der Empfang der „Sabbatbraut" wurde ursprünglich ganz wörtlich genommen: Da verließ die Gemeinde bei der letzten Strophe des Gebetsgesangs die Synagoge und wandte sich nach Westen gegen die untergehende Sonne des Freitag abend. Die Gemeinde ging dem hochgestellten Gast, der „Königin Sabbat", entgegen, so wie wir das heute im säkularen Bereich bei Staatsbesuchen und -empfängen kennen.

Höhepunkt des Freitagabend-Gottesdienstes ist das Kiddusch-Gebet. Der Vorbeter wendet sich zur Gemeinde und „macht Kiddusch". Er spricht — während sich alle erheben —

den Segen über einen Becher Wein und gedenkt der Erschaffung der Welt, des Auszugs aus Ägypten und der Erwählung Israels, und er heiligt und segnet den Sabbat.

„Und es ward Abend und es ward Morgen: der sechste Tag.
Der Himmel und die Erde waren vollendet und all ihr Heer.
Gott vollendete mit dem siebenten Tage sein Werk, das er geschaffen,
und feierte am siebenten Tag von all seinem Werke, das er geschaffen,
Gott segnete den siebenten Tag und heiligte ihn, denn an ihm feierte
er von all seinem Werk, das Gott ins Dasein gerufen, es zu schaffen.
Gelobt seist du, Ewiger, unser Gott, König der Welt ..."

Mit dem Alenu- und Kaddisch-Gebet wird das öffentliche Gemeindegebet am Sabbat-Eingang, wird der Freitagabend-Gottesdienst geschlossen. „Gut Schabbat" wünscht man einander, auch der nicht-jüdische Besucher, längst als solcher erkannt, wird von diesem herzlichen Gruß nicht ausgenommen. Ich erwidere den Gruß und schüttele die Hände vieler mir unbekannter Menschen, die mir auf einmal gar nicht mehr so fremd sind. Schabbat Schalom — der Sabbatfrieden ist eingekehrt. Schalom Alejchem — der Friede sei mit euch! Am nächsten Morgen finde ich mich kurz vor halbzehn wiederum vor der Synagoge ein; nun, um am sabbatlichen Morgengottesdienst teilzunehmen. Mein erster Eindruck: Jetzt stehen bedeutend mehr Menschen vor dem Portal, fast alle sind festlich gekleidet, die Männer meist in dunkle Anzüge, die Frauen haben ihren Schmuck angelegt, die Kinder tragen ihre Feiertagssachen, kurz ein Bild, nicht unähnlich dem an einem Sonntag morgen vor einer Kirche. Ein Gemeindemitglied, das — wie ich später erfahre — wegen seiner guten Hebräisch-Kenntnisse und Gelehrsamkeit eine besondere Stellung im Gottesdienst einnimmt, tritt aus dem Innern der Synagoge und bittet alle herein. „Wir wollen Kaddisch sagen", sagt er, und alle folgen seiner Aufforderung.

Vorbeter: „Lobt den Herrn, dem alles Lob gilt."

Gemeinde: „Gelobt sei der Herr, dem alles Lob gilt, immer und ewig!"

Mit dem Morgengebet beginnt gleichsam der Gottesdienst am Sabbatmorgen, der strenggenommen aus drei Teilen besteht und entsprechend lange dauert. Im Zentrum des ersten Teils steht das berühmte „Schma Israel", das „Höre Israel", das den frommen Juden von der Wiege bis zum Grab begleitet. Das Gebot, Gott über alles zu lieben, nicht nur mit Worten, sondern mit ganzem Herzen, mit ganzer Seele und mit ganzer Kraft, wird darin ausgedrückt. Es ist gewiß kein Zufall, daß das Schma Israel auch am Sterbebett gebetet wird, und unzählige Juden sind in den Zeiten der Verfolgung und Pogrome mit dem „Schma" auf den Lippen in den Tod gegangen, erfüllt von der Hoffnung:

„Auge in Auge werden sie schauen, wenn der Ewige nach Zion zurückkehrt... . Der Vater des Erbarmens, er wird sich des Volkes erbarmen, das er immer getragen, und des Bundes mit den Stammvätern gedenken, unsere Seelen vor bösen Stunden bewahren ..."

Das „Schma Israel" ist das Glaubensbekenntnis und die Lebensparole frommer Juden; im Synagogengottesdienst folgt ihm das Haupt- bzw. Achtzehngebet (Schemone-esre): Anrufungen, Lobpreisungen und Benediktionen, die einmünden in die Keduscha, d. h. die Heiligung. Hier wird der Sinn des Sabbats treffend deutlich, wenn es heißt:

„Unser Gott und Gott unserer Väter, habe Wohlgefallen an unserer Ruhe, heilige uns durch deine Gebote und gib uns unseren Anteil an deiner Lehre, sättige uns mit deinem Gute, erfreue uns mit deiner Hilfe, reinige unser Herz, dir in Wahrheit zu dienen, und gib uns, Herr, unser Gott, in Liebe und Wohlgefallen deinen heiligen Sabbat zum Anteil, daß an ihm Israel ruhe, das deinen Namen heiligt! Gelobt seist du, Herr, der du den Sabbat heiligst!"

Der erste Teil des sabbatlichen Morgengottesdienstes schließt mit dem Kaddisch, das während des Gottesdienstes in verschiedenen, längeren und kürzeren Formen vorkommt und eine stets wiederkehrende Lobpreisung Gottes darstellt.

„Erhoben und geheiligt werde sein großer Name in der Welt, die er nach seinem Willen erschaffen, und sein Reich erstehe in eurem Leben und in euren Tagen und dem Leben des ganzes Hauses Israel schnell und in naher Zeit, sprechet:

Amen!" Und die Antwort lautet: „Sein großer Name sei gepriesen in Ewigkeit und Ewigkeit der Ewigkeiten!"

Der zweite Teil des Synagogengottesdienstes am Sabbatmorgen besteht aus der Lesung der Tora und einer Lesung aus den prophetischen Büchern. Zur Erinnerung: Die Tora, das sind die fünf Bücher Mose, aus denen in einem Zyklus von 54 Abschnitten unaufhörlich im Gottesdienst vorgelesen wird (für jede Woche ein Abschnitt), getreu der Auffassung: Die Tora geht nie zuende. Auffallend für den nicht-jüdischen Besucher des Gottesdienstes ist in dieser Phase die erhöhte Konzentration und die freudige Erwartung der Gläubigen. Die privaten Gespräche sind verstummt, wie zuvor schon beim Hauptgebet, jeder verharrt an seinem Platz — der Gottesdienst strebt offensichtlich seinem Höhepunkt entgegen. Der Vorbeter hat sein Pult verlassen und geht — begleitet von zwei Gemeindemitgliedern — zum Aron hakodesch, zur heiligen Lade, die sich — wie schon erwähnt — hinter einem Vorhang an der Ostwand der Synagoge befindet. Der Vorhang wird zur Seite geschlagen, und im Wechselgesang von Vorbeter und Gemeinde wird die Tora-Rolle „ausgehoben".

„Es geschah, wenn die Bundeslade aufbrach, da sprach Mose:
Erhebe dich, o Ewiger, daß sich zerstreuen deine Feinde und fliehen, die dir widerstreben, vor deinem Angesichte. So zieht von Zion her die Lehre und das Wort des Ewigen von Jerusalem. Gepriesen sei, der in seiner Heiligkeit die Tora gegeben seinem Volke Israel. Gepriesen sei, der in seiner Heiligkeit die Tora gegeben seinem Volke Israel! Sie ist das Erbe der Gemeinde Jakobs, unsere Weisheit und Vernunft vor den Augen der Völker, ein Licht für unseren Geist, eine Leuchte für unseren Lebenspfad, unser Trost und unsere Zuversicht in Bedrängnis und Gefahr. Öffne, o Herr, unser Herz für deine Lehre, auf daß wir ihre Wahrheiten erkennen und sie üben zu unserem Segen! Möge dein Name geheiligt werden durch uns vor den Augen aller Lebenden! Amen.

Höre Israel, der Ewige unser Gott, der Ewige ist einzig. Einzig ist unser Gott, groß ist unser Herr, Heiliger ist sein Name!"

Im feierlichen Zug trägt der Vorbeter die ausgehobene

Tora-Rolle, die mit einer silbernen Krone und einem Schild aus Silber geschmückt ist, dazu mit einem seidenen Mantel und einem bemalten Wimpel umwickelt, zum Vorlesepult. Jeder der Gottesdienstteilnehmer hat die Tora-Rolle während des Umzugs mit einem Zipfel seines Gebetsmantels berührt und diesen dann ehrfurchtsvoll geküßt. Nun wird die Tora-Rolle entkleidet und aufgerollt. Sieben Männer werden zur Tora-Lesung aufgerufen: Der jeweilige Wochenabschnitt ist in sieben Unterabschnitte eingeteilt. Jeder der Aufgerufenen, auch derjenige, der den Abschnitt aus den Schriften der Propheten vorliest, spricht zunächst die Beracha, den Segensspruch über die Tora.

„Gelobt seist du, Herr unser Gott, König der Welt, der uns erwählt hat aus allen Völkern und uns seine Tora gegeben hat. Gelobt seist du, Herr, der die Tora gegeben hat."

So lautet die Benediktion vor der Tora-Lesung. Nach der Tora-Lesung betet der Vortragende:

„Gelobt seist du, Herr unser Gott, König der Welt, der uns die Lehre der Wahrheit gegeben und ewiges Leben in uns gepflanzt hat. Gelobt seist du, Herr, der die Tora gegeben."

Wie zentral die Bedeutung der Tora ist, zeigt auch, daß die Tora-Rolle innerhalb der Liturgie emporgehoben und dabei gesprochen wird:

„Dies ist die Tora, die Mose vor die Kinder Israels gelegt, auf Befehl Gottes durch Mose ..."

Der Vortrag des Prophetenabschnitts (Haftara) nach der Tora-Lesung wird nach einer alten, in ihrer Monotonie ergreifenden Singsang-Melodie gestaltet. Nach einem Gebet für das Wohl der Gemeinde und für das Vaterland — das letztere als einziges in der Landessprache — leitet der Psalm 145 über in das Einheben der Tora-Rolle, die voller Anteilnahme der Gemeinde zum Toraschrein zurückgetragen wird. Das Einheben der Tora erfolgt mit den Bibelworten:

„Wenn ehemals die heilige Lade mit den Tafeln des Bundes niedergestellt wurde an den Ort ihrer Ruhe, sprach Mose, der göttliche Mann: Ziehe wieder ein, o Ewiger, unter die Schar der Tausende Israels! Laß so, o Herr, auch die Lehre, die wir vernommen, zu unserer Ruhe und Befriedigung einziehen in unser Herz; auf daß wir alle deine Priester seien, die in Gerechtigkeit sich hüllen und in der Tugend ihre Freude finden. Ja, gute Weisungen gabst du uns, von deiner Lehre wollen wir nimmer lassen. Ein Baum des Lebens ist sie denen, die an ihr festhalten, und wer sich ihr zuwendet, wird beglückt. Ihre Wege sind Wege der Anmut und alle ihre Pfade — Frieden."

Der dritte und letzte Teil des Synagogen-Gottesdienstes ist das Musafgebet, d.h. „Zusatz". Es ist in der Form des Hauptgebetes gestaltet und wird zum wiederholten Mal gesprochen. Dafür gibt es einen einleuchtenden Grund: Der Kult des Tempels in Jerusalem war ein Opferkult, der Kult der Synagoge dagegen war ein reiner Gebetsgottesdienst. In ihrem Bestreben, den Gebetsgottesdienst dem Opferkult des Tempels möglichst ähnlich zu machen, fügten die alten Rabbinen zusätzliche Gebete an die Stelle der zusätzlichen Opfer, die am Sabbat und an Festtagen vorgeschrieben waren.

Vorgeschrieben waren täglich zwei Opfer, am Morgen und am Spätnachmittag, dazu am Sabbat ein zusätzliches Opfer und an den Feiertagen weitere zusätzliche Opfer. Freilich, der Opfergedanke des Musafgebets wird nur im orthodoxen Kult stärker betont, in liberalen Gemeinden wird daran nur erinnert, und in Reformgemeinden, vor allem in amerikanischen Reformgemeinden, fällt das Musafgebet aus.

Ich habe mich während der Sabbat-Gottesdienste, an denen ich teilnahm, häufig gefragt, woher diese Menschen das Vertrauen und die Kraft nehmen, Gott in dieser traditionellen Weise zu loben und zu preisen. Die meisten Gesichter, in die ich schaute, waren von leidvoller Erfahrung gezeichnet. Nahezu alle der älteren Gemeindemitglieder haben während der Nazi-Zeit Angehörige, Verwandte und Freunde verloren. Und mancher wird sich gefragt haben: Wie konnte Gott, unser Gott, das zulassen? Und er wird vielleicht wie Hiob mit seinem Gott gehadert haben. Aber Gott leugnen — das ist wohl für die meisten Juden unmöglich. Denn das hieße — so die Übersetzung aus dem Hebräischen — „die Wurzel leugnen". An Gott glauben, das bedeutet nach jüdischem Verständnis nicht das Fürwahrhalten einer Lehre, das Akzeptieren eines Systems, einer Dogmatik gar, sondern das bedeutet die schlichte Annahme Gottes: „Wir anerkennen dich, daß du der Herr unser Gott bist und der Gott unserer Väter auf immer und ewig."

Wahrscheinlich liegt darin das Wesen jüdischer Existenz begründet — unser Gott und der Gott unserer Väter. Das heißt, Juden denken historisch; es gibt kein Judentum ohne Bezug auf die Geschichte, in der sich Gott einst Israel erwiesen hat.

Das Schabbatlied des Salomo Alkabez

Komm, mein Freund, der Braut entgegen,
wir wollen den Schabbat empfangen.

Halte! Gedenke! in einem Wort
ließ uns hören der einzige Gott.
Der Ewige ist einzig, sein Name ist einzig,
zum Ruhm und zum Lobgesange.

Komm, mein Freund, der Braut entgegen,
wir wollen den Schabbat empfangen.

Der Ruhe entgegen, auf, laßt uns gehn!
denn sie ist uns des Segens Quell.
Von Anfang, von Vorzeit dazu ersehn,
Schöpfungsende, vom Anfang umfangen.

Komm, mein Freund, der Braut entgegen,
wir wollen den Schabbat empfangen.

Königsheiligtum, königliche Stadt,
auf, aus der Zerstörung geh hervor!
Genug des Weilens im Tränental,
Sein Mitleid will dich umfangen.

Komm, mein Freund, der Braut entgegen,
wir wollen den Schabbat empfangen.

Schüttle ab den Staub, erhebe dich,
in dein herrliches Kleid, mein Volk, kleide dich!
Durch den Sohn Isais von Bethlehem
naht Erlösung meiner Seele Verlangen.

Komm, mein Freund, der Braut entgegen,
wir wollen den Schabbat empfangen.

Ermuntre dich, ermuntre dich,
auf, leuchte! denn es kommt dein Licht.
Erwach, erwach! Lieder sprich!
Gottes Glanz ist dir aufgegangen!

Komm, mein Freund, der Braut entgegen,
wir wollen den Schabbat empfangen.

Steh nicht beschämt, gräme dich nicht,
was bist du gebeugt, was betrübst du dich?
Schutz findet mein armes Volk in dir,
neuerbaut aus dem Schutt wirst du prangen!

Komm, mein Freund, der Braut entgegen,
wir wollen den Schabbat empfangen.

Es werden deine Räuber zum Raub,
es sinken deine Würger in Staub,
es freut sich über dich dein Gott
wie der Bräutigam an der Braut voll Verlangen.

Komm, mein Freund, der Braut entgegen,
wir wollen den Schabbat empfangen.

Rechts und links breitest du dich weit
und dem Ewigen dienest du in Scheu.
Aus Peres Stamm kommt uns der Messias,
durch ihn werden wir Freude erlangen.

Komm, mein Freund, der Braut entgegen,
wir wollen den Schabbat empfangen.

Krone des Herrn, in Frieden tritt ein,
zu Freude, zu Jubel komme herein,
in unsre Mitte, dein treues Volk,
komm Braut, komm Braut gegangen!

Komm, mein Freund, der Braut entgegen,
wir wollen den Schabbat empfangen.

Sch'ma Israel

Das Sch'ma Israel ist das wichtigste Gebet für den frommen Juden. Es wird morgens und abends gebetet und ist bedeutender Bestandteil des Synagogen-Gottesdienstes. Es besteht aus drei Teilen, die entnommen sind 5 Mose 6, 4—9; 11, 13—21; 4 Mose 15, 37—41.

Höre Israel! Jahwe, unser Gott, Jahwe ist einzig.
Darum sollst du den Herrn, deinen Gott, lieben mit ganzem Herzen, mit ganzer Seele und mit ganzer Kraft.

Diese Worte, auf die ich dich heute verpflichte, sollen auf deinem Herzen geschrieben stehen.

Du sollst sie deinen Söhnen wiederholen. Du sollst von ihnen reden, wenn du zu Hause sitzt und wenn du auf die Straße gehst, wenn du dich schlafen legst und wenn du aufstehst.

Du sollst sie als Zeichen um das Handgelenk binden. Sie sollen zum Schmuck auf deiner Stirn werden.

Du sollst sie auf die Türpfosten deines Hauses und in deine Stadttore schreiben.
(5 Mose 6, 4—9)

Und wenn ihr auf meine Gebote hört, auf die ich euch heute verpflichte, wenn ihr also den Herrn, euren Gott, liebt und ihn mit ganzem Herzen und mit ganzer Seele dient;

dann gebe ich eurem Land seinen Regen zur rechten Zeit, den Regen im Herbst und den Regen im Frühjahr, und du kannst Korn, Most und Öl ernten;

dann gebe ich deinem Vieh sein Gras auf dem Feld, und du kannst essen und satt werden.

Aber nehmt euch in acht! Laßt euer Herz nicht verführen, weicht nicht vom Weg ab, dient nicht anderen Göttern, und werft euch nicht vor ihnen
nieder!

Sonst wird der Zorn des Herrn gegen euch entbrennen; er wird den Himmel zuschließen, es wird kein Regen fallen, der Acker wird keinen Ertrag bringen, und ihr werdet unverzüglich aus dem pächtigen Land getilgt sein, das der Herr euch geben will.

Diese meine Worte sollt ihr auf euer Herz und auf eure Seele schreiben. Ihr sollt sie als Zeichen um das Handgelenk binden. Sie sollen zum Schmuck auf eurer Stirn werden.

Ihr sollt sie eure Söhne lehren,

indem ihr von ihnen redet, wenn du zu Hause sitzt und wenn du auf der Straße gehst, wenn du dich schlafen legst und wenn du aufstehst.

Du sollst sie auf die Türpfosten deines Hauses und in deine Stadttore schreiben.

So sollen die Tage, die ihr und eure Söhne in dem Land lebt, von dem ihr wißt: der Herr hat euren Vätern geschworen, es ihnen zu geben, so zahlreich werden wie die Tage, die der Himmel sich über der Erde wölbt.
(5 Mose 6, 13—21)

Der Herr sprach zu Mose:

Rede zu den Israeliten und sag zu ihnen, sie sollen sich Quasten an ihre Kleiderzipfel nähen, von Generation zu Generation, und sollen an den Quasten eine violette Purpurschnur anbringen;

sie soll bei euch zur Quaste gehören. Wenn ihr sie seht, werdet ihr euch an alle Gebote des Herrn erinnern, ihr werdet sie halten und eurem Herzen und euren Augen nicht nachgeben, wenn sie euch zur Untreue verleiten wollen.

Ihr sollt so an alle meine Gebote denken und sie halten; dann werdet ihr eurem Gott heilig sein.

Ich bin der Herr, euer Gott, der euch aus Ägypten herausgeführt hat, um für euch Gott zu sein, ich, der Herr, euer Gott.
(4 Mose 15, 37—41)

Schemone Esre

Das „Gebet“ schlechthin für den frommen Juden; es wird zu allen drei Gebetszeiten, also morgens, nachmittags und abends gesprochen und ist auch Bestandteil des Synagogen-Gottesdienstes. Das Achtzehngebet enthält 19 (urspr. 18) Bitten; jede schließt mit einem Segensspruch und der Hervorhebung einer bestimmten Eigenschaft Gottes.

Herr! Öffne meine Lippen, mein Mund dein Lob verkünde!

Gelobt seist du, Herr, unser Gott und Gott unserer Väter, Gott Abrahams, Gott Isaaks und Gott Jakobs, großer, allmächtiger und furchtbarer Gott, höchster Gott, der liebevolle Gnade erweist, Schöpfer des Alls, der der Frömmigkeit der Väter gedenkt und ihren Kindeskindern den Erlöser bringt, um seines Namens willen in Liebe. König, Helfer, Retter und Schild! Gelobt seist du, Herr, Schild Abrahams.

Du bist mächtig in Ewigkeit, Herr. Du belebst die Toten, du bist reich an Hilfe. Du erhältst alles Lebende in Liebe, belebst die

Toten mit großer Barmherzigkeit. Du stützest die Fallenden, heilst die Kranken und befreist die Gefesselten. Du bewahrst deine Treue denen, die im Staube schlummern. Wer ist wie du, der Allmacht Herr? Wer ist dir gleich, ein König, der tötet und belebt und das Heil erblühen läßt? Getreu bist du, die Toten wieder zu beleben. Gelobt seist du, Herr, der die Toten belebt.

Du bist heilig, und dein Name ist heilig. Die zur Heiligung Berufenen preisen dich Tag für Tag. Gelobt seist du, Herr, der heilige Gott.

Du begnadest den Menschen mit Erkenntnis und lehrst den Sterblichen Einsicht. Begnade uns mit Erkenntnis, Einsicht und Verstand von dir. Gelobt seist du, Herr, der mit Erkenntnis begnadet.

Führe uns zurück, unser Vater, zu deiner Tora. Bring uns näher, unser König, deinem Dienst. Laß uns bußfertig zu dir zurückkehren. Gelobt seist du, Herr, dem Umkehr wohlgefällig ist.

Vergib uns, unser Vater, daß wir gefehlt, verzeih uns, unser König, daß wir abgefallen, wenn du vergibst und verzeihst. Gelobt seist du, Herr, der gnädig immer wieder verzeiht.

Sieh unsere Not und führe unseren Streit und erlöse uns bald um deines Namens willen, denn du bist ein machtvoller Erlöser. Gelobt seist du, Herr, der Israel erlöst. Heile uns, Herr, dann sind wir geheilt, hilf uns, dann ist uns geholfen, denn unser Ruhm bist du. Bring allen unseren Schmerzen volle Genesung, denn ein wahrhaft heilender, erbarmungsvoller König bist du, o Gott. Gelobt seist du, Herr, der die Kranken seines Volkes Israel heilt.

Segne uns, Herr, unser Gott, dieses Jahr und die Fülle seines Ertrags zum Guten. Gib Segen für die Flur, sättige uns mit deinem Gut und segne unser Jahr wie die guten Jahre. Gelobt seist du, Herr, der die Jahre segnet.

Stoße in die große Posaune zu unserer Befeiung und erhebe das Panier, unsere Verbannten zu sammeln. Sammle uns alle von den vier Enden der Erde. Gelobt seist du, Herr, der die Verbannten seines Volkes Israel sammelt.

Bring zurück unsere Richter wie vordem und unsere Ratgeber wie einst. Wende ab von uns Seufzen und Klage und regiere über uns, du allein, Herr, in Gnade und Erbarmen, und rechtfertige uns im Gericht. Gelobt seist du, Herr, der Gerechtigkeit und Recht liebt.

Den Verleumdern sei keine Hoffnung, und alle Übeltäter mögen im Augenblick untergehen. Mögen sie alle rasch vertilgt werden, und die Frevler entwurzele schnell, zerschmettere sie, wirf sie nieder, demütige sie, bald in unseren Tagen. Gelobt seist du, Herr, der die Feinde zerbricht und die Frevler demütigt.

Über die Gerechten und über die Frommen, über die Ältesten deines Volkes Israel, über den Rest ihrer Gelehrten, über die frommen Proselyten und über uns selbst rege sich dein Erbarmen, Herr, unser Gott. Gib guten Lohn allen, die auf deinen Namen in Wahrheit vertrauen. Gib unseren Anteil mit ihrem zusammen, damit wir nie zuschanden werden, denn auf dich vertrauen wir. Gelobt seist du, Herr, Stütze und Zuversicht der Gerechten.

Nach Jerusalem, deiner Stadt, kehre zurück in Erbarmen. Wohne in ihrer Mitte, wie du versprochen. Baue sie auf, bald in unseren Tagen, als ewigen Bau. Den Thron Davids richte bald auf in ihrer Mitte. Gelobt seist du, Herr, der Jerusalem erbaut.

Den Sproß Davids, deines Dieners, laß bald sprossen, und erhebe seine Kraft mit deinem Heil, denn auf dich hoffen wir jeden Tag. Gelobt seist du, Herr, der die Kraft des Heils emporsprießen läßt. Höre unsere Stimme, Herr, unser Gott, schone uns und erbarme dich über uns. Empfange mit Gefallen und Erbarmen unser Gebet, denn Gebete und Bitten erhörst du, Gott. Weise uns nicht leer von dir hinweg, unser König. Denn du erhörst das Gebet deines Volkes Israel in Erbarmen. Gelobt seist du, Herr, der das Gebet erhört.

Hab Wohlgefallen, Herr, unser Gott, an deinem Volk Israel und an ihrem Gebet. Bring den Dienst zurück in das Heiligtum deines Hauses, und die Opfer Israels und ihr Gebet nimm in Liebe und Wohlgefallen auf; und zu ständigem Wohlgefallen sei der Dienst deines Volkes Israel. Und mögen unsere Augen es sehen, wenn du nach Zion in Erbarmen zurückkehrst. Gelobt seist du, Herr, der seine Gegenwart nach Zion zurückbringt.

Dankend bekennen wir uns zu dir, der du der Herr, unser Gott und der Gott unserer Väter bist in Zeit und Ewigkeit. Fels unseres Lebens, Schild unseres Heils bist du von Geschlecht zu Geschlecht. Dankbar bekennen wir uns zu dir und künden deinen Ruhm für unser Leben, das in deine Hand gegeben, und unsere Seelen, die dir anvertraut, und deine Wunder, die täglich uns zuteil werden, und deine Wundertaten und Wohltaten zu jeder Zeit, abends, morgens und mittags. Allgütiger, dein Erbarmen ist nie zu Ende. Allbarmherziger, deine Güte hört nie auf. Von jeher hoffen wir auf dich. Für all dies sei dein Name, unser König, stets gepriesen und erhoben in Zeit und Ewigkeit. Alles, was da lebt, bekenne sich dankbar zu dir und lobpreise aufrichtig deinen Namen, Allmächtiger, der du uns Heil und unsere Hilfe bist. Gelobt seist du, Herr, Allgütiger ist dein Name, und schön ist es, uns in Dankbarkeit zu dir zu bekennen.

Gib Frieden, Glück und Segen, Gnade, Liebe und Erbarmen uns und ganz Israel, deinem Volke. Unser Vater, segne uns allesamt im Licht deines Angesichts.
Denn im Licht deines Angesichts gabst du uns, Herr, unser Gott, die Tora des Lebens, die Liebe zur Güte, Gerechtigkeit und Segen, Erbarmen,
Leben und Frieden. Möge es gut sein in deinen Augen, dein Volk Israel zu segnen mit deinem Frieden, zu jeder Zeit und zu jeder Stunde. Gelobt seist du, Herr, der sein Volk Israel mit Frieden segnet.

...

Es seien zum Wohlgefallen die Worte meines Mundes und das Sinnen meines Herzens vor dir, Herr, mein Fels und mein Erlöser.

3. Der Rabbiner — Exponent und Erklärer der Tora

Was einen nicht-jüdischen Besucher am Freitag abend in der Synagoge überraschen könnte, ist der Umstand, daß der Rabbiner in diesem Gottesdienst sozusagen keine Rolle gespielt hat. In der Tat ist nicht der Rabbiner die auffälligste Erscheinung im Synagogen-Gottesdienst, sondern der Kantor bzw. der Vorbeter. Es ist wünschenswert, wenn der Rabbiner dem Gottesdienst beiwohnt, notwendig zur Feier des Gottesdienstes ist der Rabbiner indes nicht. Ein jüdischer Gottesdienst kann gefeiert werden, wenn der Minjan erfüllt ist, d. h. wenn zehn erwachsene Männer anwesend sind. Trotzdem ist der Rabbiner innerhalb der Gemeinde eine herausgehobene Persönlichkeit, er hat ein wichtiges und verantwortungsvolles Amt. Freilich, unter den betenden Gemeindemitgliedern im Synagogen-Gottesdienst ist er allenfalls der „princeps inter pares", der Erste unter Gleichgestellten. Das bestätigt mir auch Henry Brandt, Landesrabbiner von Niedersachsen mit Sitz in Hannover:

„Der Rabbiner ist nur einer von zehn. Der Unterschied zu den anderen, der durch seine Gegenwart gegeben ist, liegt darin, daß der Rabbiner predigt. Das gilt so für mich und dürfte in Deutschland auch die Regel sein. Die Belehrung, die Predigt, die Auslegung der Tora, das ist das Gebiet des Rabbiners. Er ist der Lehrer der Gemeinde; er ist nicht Priester, er ist nicht Mittler, er ist Lehrer. Wobei er nicht nur die Tora auslegt, sondern auch über aktuelle Probleme im Licht der jüdischen Tradition spricht. Kurz, er ist für das gesamte religiöse Leben der Gemeinde verantwortlich."

In der Gemeinde, die so groß ist, daß sie einen Kantor und einen Rabbiner hat, wird der Synagogen-Gottesdienst von beiden arbeitsteilig gestaltet. Der Kantor ist der „Abgesandte der Gemeinde", gewissermaßen das musikalische Sprachrohr der Gemeinde gegenüber Gott. Der Rabbiner ist der Exponent und Erklärer der Tora, und bei religiösen Konflikten innerhalb der Gemeinde ist sein Wort maßgebend.

Wenn es gewisse Konflikte im Gottesdienst gibt, wenn gewisse Richtungen festgelegt werden sollen, oder wenn Fragen in der Synagoge zu entscheiden sind, dann ist der Rabbiner maßgebend. Er ist verantwortlich für das gesamte religiöse Leben in der Gemeinde."

Nicht alle Gemeindemitglieder verstehen und sprechen gut Hebräisch. So ist die Predigt des Rabbiners innerhalb des Gottesdienstes so ziemlich das einzige, was alle verstehen. Denn er spricht in der Landessprache — und damit rückt die Predigt des Rabbiners in etwa in den Mittelpunkt des sabbatlichen religiösen Lebens.

Im Synagogen-Gottesdienst wie in der wöchentlichen Sendung „Zum Sabbat" im Norddeutschen Rundfunk legt Rabbiner Henry Brandt die Tora aus und nimmt zu aktuellen Problemen im Geiste jüdischer Tradition Stellung. Hier ein Beispiel, ein Ausschnitt aus einer Predigt:

„Eine der schlimmsten Sünden der Menschen, weil weitverbreitet und folgenreich, ist die Überheblichkeit. Sie ist eine krankhafte, bösartige Auswucherung des Stolzes, die den Betroffenen gewissermaßen geistig soweit erblinden läßt, daß er die eigenen Fehler und Unzulänglichkeiten nicht mehr sieht. Er erkennt nicht mehr die Grenzen seines Wissens und Können. Auch sein Blickwinkel wird verzerrt. Alles und alle scheinen unter ihm zu stehen, über ihm scheint nur das All der unbegrenzten Möglichkeiten.

Der Bibelabschnitt Ekev, der an diesem Sabbat in den Synagogen vorgelesen wird, warnt in eindringlichen Worten vor der Sünde des Hochmuts. Der Mensch soll sich Erfolg und Wohlergehen nicht zu Kopf steigen lassen und seine Macht und Weisheit nicht überschätzen, mahnt die Bibel. Ihre Mahnungen sind zeitlos. Die Worte der Schrift waren selten so angebracht wie in unserer Zeit, und so erlaube ich mir, sie Ihnen, meine Zuhörerinnen und Zuhörer, ins Gedächtnis zu rufen. Hüte dich ... wenn du dich satt essen kannst und schöne Häuser baust und darin wohnst, wenn deine Rinder und Schafe sich vermehren und Silber und Gold sich dir häuft und alles, was du hast, sich mehrt, daß nicht dein Herz sich alsdann erhebe und du des Herrn, deines Gottes, vergessest, der dich aus dem Land Ägypten, aus der Sklaverei, herausgeführt; ... und hüte dich, daß du nicht bei dir selber sprechest: 'Meine Kraft und die Stärke meiner Hand hat mir diesen Reichtum erworben.'

Einige Sätze weiter heißt es nochmals, jetzt im Zusammenhang mit der Besitznahme des verheißenen Landes: ‚Nicht um deines Verdienstes und deines lauteren Herzens willen kommst du hinein, um das Land dieser Völker zu besetzen, sondern um ihrer Ruchlosigkeit willen vertreibt der Herr, dein Gott, diese Völker, und um das Wort wahr zu machen, das der Herr deinen Vätern Abraham, Isaak und Jakob geschworen hat. Wisse also, daß der Herr, dein Gott, dir nicht um deines Verdienstes willen dieses schöne Land zu-eigen gibt, denn du bist ein halsstarriges Volk.' Die Bibel stellt sich keineswegs gegen Besitz und Wohlstand. Ganz im Gegenteil. Sie werden als Segen Gottes und als von seiner Hand kommend dargestellt. Auch läßt sich aus dem Text keine Handhabe gegen die Erforschung des Universums und der Natur folgern. Armut und Einschränkung des Wissenshungers werden nicht gefordert. Die Mahnung und der Aufruf gelten der Erkenntnis der Grenzen von Wissen und Können und sich des Ursprungs von Macht, Besitz und Wohlstand stets bewußt zu bleiben. Denn aus diesem Bewußtsein erwächst die Einsicht, daß materieller und geistiger Besitz dem Menschen Verpflichtungen und Verantwortung auferlegen. Wenn der Mensch, trunken von Macht und Wissen, sich selber auf den Thron der Schöpfung setzt, sich selbst zum Schiedsrichter über Gut und Böse aufschwingt, sein egozentrisches Interesse zur Grundlage und Rechtfertigung seines Handelns macht, dann bedroht er, von Hochmut und Überheblichkeit blind geworden, das Wohlergehen seiner Mitmenschen. Beim derzeitigen Stand der Wissenschaften kann das bedeuten, daß der Mensch die Existenz unserer Welt gefährdet. Der Mensch wird zum gemeingefährlichen Amokläufer.

Der Sabbat wurde eingesetzt, auf daß der Mensch sich wieder seines Platzes als Geschöpf innerhalb der Schöpfung entsinnt und an die bescheidenen Anfänge seiner Geschichte zurückdenke. Wenn wir den Sabbat richtig verstehen und begehen, wird er auch zum wirkungsvollen Mittel gegen Hochmut und Überheblichkeit.

Ich entbiete Ihnen den Gruß des Sabbatfriedens: Schabat Schalom."

Der Rabbiner ist Lehrer und Prediger, er studiert die heiligen Schriften und legt sie für die Gemeinde aus. Er ist kein Priester, und der Synagogen-Gottesdienst ist kein Opfergottesdienst, sondern ein reiner Gebetsgottesdienst.

Mit der Zerstörung des zweiten Tempels in Jerusalem im Jahre 70 n. Chr. und der Zerstreuung der Juden über den Erdkreis hatte der Priester im Judentum seine einmalige Aufgabe verloren. Die neue Führungsschicht sind die Rabbinen geworden; deren Vorläufer waren die Pharisäer, die vor allem auf die Reinheitsvorschriften des Tempels im täglichen Leben achteten, und die Schriftgelehrten, die im Studium der Tora geradezu einen Ersatz für den Tempel und seinen Kult sahen. Der früheste Beleg für den Titel „Rabbi" stammt aus der Zeit unmittelbar nach der Zerstörung des zweiten Jerusalemer Tempels durch die Römer. Hervorgegangen ist der Titel aus der ursprünglichen Anrede des traditionskundigen Lehrers als „Rabbi" im Sinne von „Mein Lehrer, mein Herr, mein Meister". Jesus wird etwa im Neuen Testament der Christen häufig mit „Rabbi" angeredet. Das Wort stammt vom hebräischen „rab" und bedeutet ursprünglich „mächtig, angesehen". So nennt man nach der Tradition den Rabbiner auch gerne „Mara de atra", den „Herrn der Stadt".

Frage an Rabbiner Henry Brandt: „Fühlt er sich so, als Herr der Stadt Hannover?"

„Nein, so würde ich mich nicht bezeichnen", antwortet er lachend, „ich fühle mich verantwortlich für das jüdisch-religiöse Leben der Stadt, ungeachtet der Größe bzw. eher Bescheidenheit in der Gemeinde."

Und er erläutert mir, der Begriff „Mara de atra" solle aussagen, daß das Judentum eigentlich keine Hierarchie kenne. Der Rabbiner sei Laie wie alle anderen, er sei für seine Gemeinde zuständig und in religiösen Angelegenheiten nicht weisungsgebunden. Er habe natürlich einen Meister, aber dieser Meister sei kein Mensch, vielmehr die gesammelte Tradition des jüdischen Volkes, vor diesem Hintergrund treffe er seine Entscheidungen.

Mit dem Übergang vom Tempel mit seinen Tieropfern zur Synagoge, dem „Heiligen im Kleinen", dem Haus der Versammlung und des Gebetes, ist im Judentum tatsächlich die hierarchische Struktur gefallen. Es trat — wie man heute sagen würde — eine Demokratisierung ein. War im Jerusalemer Tempel nur die Priesterschaft aktiv und tätig und hielt der Tempelkult das Volk weitgehend auf Distanz, in der bloßen Zuschauerrolle, ist im Synagogen-Gottesdienst jedes Gemeindemitglied aktiv beteiligt, betend und singend. An die Stelle des Priesters ist der Fachmann aus dem Laienstand getreten, der Vorbeter und/oder Rabbiner. Und bis heute gilt: Wer aus der Tora lesen kann, darf es tun. Und auch wer vorbeten kann, darf es tun. Die Religion der Synagoge ist eine Religion der Laien. Die Rabbinen waren von altersher hervorragende Gelehrte, deren Ideal das ständige Studium der Tora und das Auslegen des biblischen Rechts ist. Die Rabbinen gaben und geben die göttliche Offenbarung an die nächste Generation weiter. In dieser Tradition stehend sieht sich auch Rabbiner Brandt. Er meint, es könne, zumindest sollte es keinen Rabbiner geben, der sich nicht in der Tradition seiner Vorgänger stehend empfindet. Was nicht bedeute, daß er sklavisch ihrer Linie folgt, nein. Dennoch, die Tradition verpflichte.

„Bevor ein Rabbiner Entscheidungen trifft, seinen Weg wählt, sollte er die Traditionen befragen", sagt Henry Brandt. „Es gibt ja verschiedene Traditionsstränge; aufgrund seiner eigenen Weltanschauung wird ein Rabbiner einen Strang wählen, um zu seinen eigenen Antworten zu kommen. Nur, das religiöse Rad völlig neu zu erfinden, würde jüdisch unmöglich sein oder bedeuten, daß das Judentum an Überlebenskraft verliert."

Aus dieser Argumentation wird deutlich, daß das Judentum eine dialogische Religion ist, eine Religion, die keine Dogmatik kennt. Dazu, zur Befragung der Tradition, ein konkretes Beispiel: „So kam einst jemand vor Raba und sagte: Der Herr meines Wohnortes befahl mir: Geh' und töte jenen; wenn nicht, werde ich dich töten lassen. Raba erwiderte: Mag er dich töten, du aber töte nicht. Was denkst du, dein Blut ist röter? Vielleicht ist das Blut jenen Mannes röter."

Die Methode, die hier angewendet wird, um eine ethische Grundfrage zu entscheiden, ist im Christentum ziemlich fremd, im Judentum aber seit jeher stark ausgeprägt gewesen: die Methode der angewandten Dialogik. Im Wechselgespräch werden — auf dem Hintergrund der Tradition wie des praktischen Lebens — Fragen des religiösen Rechts und des menschlichen Verhaltens entschieden. Die zitierte Textstelle stammt aus dem Talmud, der jüdischen „Lehre", nächst der Tora das Hauptwerk des Judentums, entstanden aus vielhundertjähriger mündlicher Überlieferung. Nirgendwo in der Geschichte lasse sich Vergleichbares erkennen, schreibt der aus Deutschland stammende, in den USA lehrende jüdische Religionswissenschaftler Jakob Petuchowski: „Die Rabbinen haben ohne staatliche Machtbefugnis und ohne territoriale Grundlage den Rahmen des Glaubens, der Bräuche und des Gesetzes geschaffen und erhalten, der es dieser kleinen, verstreuten, immer gefährdeten, oft bedrückten und manchmal terrorisierten Gemeinde ermöglichte, ohne Kompromisse ihren sozialen und geistigen Zusammenhalt zu bewahren." Viele Rabbiner haben bedeutende Schulen gegründet, zu denen lernbegierige Juden von weither anreisten, um in strittigen Rechtsfragen Auskunft zu erhalten und Debatten in religiösen und juridischen Fragen zu führen. Denn neben der religiösen Unterweisung übte der Rabbiner auch eine richterliche Tätigkeit aus, im Zivil-, Ehe- und Erbrecht. In Osteuropa gab es Tausende solcher Rabbiner, die — ohne bei einer Gemeinde angestellt zu sein — auf diese Weise lebten. In seinem Erinnerungsbuch „Mein Vater, der Rabbi" hat der Literaturnobelpreisträger von 1978, Isaac Bashevis Singer, diesem Typus des osteuropäischen Rebbe ein unvergleichliches Denkmal gesetzt.

Heute hat der Rabbiner längst nicht mehr alle Aufgaben, die seine Vorgänger in früheren Jahrhunderten hatten. Vor allem besitzt er nicht mehr die Rechtspflege, die längst auf den Staat übergegangen ist. Nach einem theologischen Fachstudium erhält ein zum Rabbiner ausgebildeter Mann heute eine Anstellung bei einer Gemeinde, die mit ihm einen Arbeitsvertrag schließt und ihn besoldet. In größeren Gemeinden ist der Rabbiner auch Mitglied des Gemeindevorstands. Wenn Rabbiner Brandt im Gespräch mit mir betonte, er sei nicht weisungsgebunden, so bezog sich diese Aussage auf seine Funktion im religiösen Bereich und in der Auslegung der Tora. Als Angestellter einer Gemeinde kann er nicht schalten und walten, wie er will. Als besoldeter Arbeitnehmer ist er in gewissem Sinn schon weisungsgebunden. In administrativen Angelegenheiten und in Fragen der allgemeinen Gemeindepolitik hat der Vorstand des Landesverbandes, in dem viele Gemeinden zusammengeschlossen sind, wie auch der Vorstand und die Repräsentanz der Hauptgemeinde nicht nur ein Mitspracherecht, sondern auch ein Weisungsrecht. Nur in den direkt religiösen Fragen ist der Rabbiner an keine Weisung gebunden. Die Grenzen seien fließend, meint Rabbi Brandt, schließlich befasse sich das Judentum ja auch mit dem Alltag des Menschen. In gewisser Weise hat sich heute das Amt des Rabbiners dem Amt des christlichen Geistlichen angeglichen. Heutzutage ist der Rabbiner auch Seelsorger, das war er früher weniger. Er macht heute, wie sein christlicher Amtsbruder, Hausbesuche, besucht Kranke, tröstet Trauernde, ja manchmal spricht er sogar auch noch Recht. Gingen in früheren Zeiten Juden deshalb nicht vor ein weltliches Gericht, weil die Distanz zwischen Nichtjuden und Juden so groß war, daß man sich gegenseitig nicht traute, vor allem die Juden der herrschenden Vorurteile wegen kaum auf gerechte Urteile hoffen konnten, so fällt dieser Grund heute zwar weg, aber es gibt nach wie vor Juden, die es in persönlichen Angelegenheiten vorziehen, einen Rabbiner Recht sprechen zu lassen, und nicht vor ein weltliches Gericht gehen. Rabbiner Brandt erzählt:

„Kürzlich erst sind von einer Gemeinde außerhalb meines Bereichs zwei Leute an mich herangetreten, die einen finanziellen Streit miteinander haben. Sie haben mich gefragt, ob ich bereit wäre, in diesem Streit Recht zu sprechen, weil sie kein weltliches Gericht anrufen wollen. Nun, ich werde mir die Umstände anhören und dann nach bestem Wissen und Gewissen, unter der Voraussetzung, daß beide meinen Richterspruch anerkennen, diesen Fall schlichten."

Die Tätigkeit eines Rabbiners ist also nicht auf die Predigt im Synagogen-Gottesdienst beschränkt. Auf einen Rabbiner warten in jeder Woche unterschiedlichste Arbeiten. Auch Henry Brandt hat in Hannover alles andere als einen Anderthalb-Tage-Job.

„Man kann sagen, es ist fast eine Acht-Tage-Woche. Das ergibt sich aus den Umständen, nicht in jedem Fall hat ein Rabbiner so viele Beschäftigungen. Wir haben in der Bundesrepublik eine spezifische Situation, wir befinden uns in der Nachfolgegeneration des Holocaust mit nur sehr wenigen Rabbinern." Henry Brandt bedauert, was er leider nicht genügend tun kann, was aber traditionell ein Rabbiner tut: lesen und nochmals lesen, in den Büchern forschen. Das vermißt er sehr und gerät ins Schwärmen, wenn er sich jene Rabbiner vorstellt, die tagaus, tagein über ihren Büchern sitzen und ein Leben lang lernen. Früher haben auch Gemeinderabbiner ein Großteil ihrer Zeit dem Eigenstudium gewidmet. Die Gemeinde anerkannte das, denn es war ja ein Studium für die Gemeinde. Von dieser Substanz gaben die Rabbiner der Gemeinde in ihren Predigten. Heute hat der Rabbiner seine persönlichen Gebetszeiten, am Morgen, am Mittag und am Abend. Ansonsten: Gemeindeaufgaben — das Beantworten von Briefen und Eingaben, Fragen, nicht nur religiöser Art, die an einen Rabbiner herangetragen werden. Dazu Sitzungen und Gespräche: mit dem Gemeindevorstand, dem Religionslehrer, dem Jugendleiter, Gespräche mit Vertretern anderer Religionsgemeinschaften, Politikern und Funktionären gesellschaftlicher Gruppen. Wie in anderen Religionsgemeinschaften gibt es auch bei den Juden zahlreiche Riten von der Wiege bis zum Grab, die mit der Tätigkeit des Rabbiners verbunden sind. So wird erwartet, daß er bei einem Berit Mila, einer Beschneidung, anwesend ist, daß er die Ansprache bei einer Beerdigung wie bei einer Hochzeit hält, daß er — zusammen mit dem Kantor — die Bar Mizwa vorbereitet, die Aufnahme neuer Mitglieder in die Gemeinde, vergleichbar in etwa der katholischen Kommunion und der protestantischen Konfirmation. Mit dreizehn Jahren wird ein jüdischer Junge großjährig, religiös großjährig — und seine offizielle Aufnahme in die Gemeinde ist ein festlicher Akt. Eine ähnliche Zeremonie gibt es in Hannover auch für die Mädchen, die zwar nicht wie die Knaben Tora lesen vor der Gemeinde, aber gleichfalls im Sabbat-Gottesdienst am Samstag morgen eine kleine Ansprache in Hebräisch halten und vom Rabbiner vor der heiligen Lade eingesegnet werden.

Im Laufe eines Jahres treten bis zu fünfzehn Menschen an Rabbiner Brandt heran und bitten um Aufnahme ins Judentum. Diese Gespräche nehmen viel Zeit in Anspruch, die Konvertitengesuche werden ernst genommen, wenn auch vielen nicht stattgegeben werden kann. Mich interessiert, was die beherrschenden Motive derer sind, die zum Judentum übertreten wollen. „Die Motive sind unterschiedlich", erwidert Rabbiner Brandt. „Da gibt es die Unzufriedenheit mit der gegenwärtigen Religionszugehörigkeit, manchmal auch ein unbestimmtes Schuldgefühl aus der deutschen Vergangenheit heraus, was für mich kein gültiges Motiv ist. Dann gibt es Aufnahmegesuche von Menschen, die mit einem Juden oder einer Jüdin verheiratet sind und jetzt die gleiche Religion annehmen wollen." Die interessantesten „Fälle" mit den nachhaltigsten Gesprächen sind für den Rabbiner diejenigen, wo die Kinder und Enkel von Juden, die sich in der Nazi-Zeit taufen ließen, um sich und ihre Kinder in Sicherheit zu bringen (was eine Illusion war) zu ihm kommen. Sie, die erst spät erfahren haben, daß ihre Großeltern oder Eltern Juden waren, in die Gemeinschaft zurückfinden zu lassen, sieht er als eine besonders wichtige Aufgabe an. Dazu muß man wissen: Juden missionieren nicht! Ob er gerne Rabbiner ist, will ich von Henry Brandt wissen. Er lacht und antwortet: „Die Frage erinnert mich an die Geschichte von einem Synagogendiener, der vierzig Jahre lang von seiner Gemeinde fast nur bekrittelt und beschimpft wurde, bis ihn eines Tages einmal seine Frau fragte: Sag mal, warum tust du das eigentlich? Warum machst du den Job? Da antwortete der Vielgeschmähte: Für die Ehre, für die Ehre."

Ja, Henry Brandt ist gerne Rabbiner, und er ist, wenn auch gelegentlich kleinlichen Angriffen ausgesetzt, mit seiner Arbeit rundum zufrieden. Es freut ihn, daß sich die Gemeinsamkeiten von Juden und Christen in der letzten Zeit mehr und mehr Gehör verschafft haben, daß seine christlichen Kollegen ihre alttestamentlichen Wurzeln, ihre biblischen Wurzeln entdeckt, wiederentdeckt und verstärkt haben. Man trifft sich heute auf einer ungleich breiteren Plattform als noch vor Jahren. Henry Brandt ist Vorsitzender im Dachverband der Gesellschaften für jüdisch-christliche Zusammenarbeit, im Deutschen Koordinierungsrat in Frankfurt.

„Juden und Christen sprechen heute über Gemeinsames und Trennendes", betont er, „aber wir sprechen miteinander aufgrund der gemeinsamen Bibel. Und wir hoffen, daß wir die Vorurteile und diesen furchtbaren, tragischen Graben, der uns über zweitausend Jahre getrennt hat, zwar nicht entfernen, aber überbrücken können, daß wir in gegenseitigem Respekt nebeneinander leben können, was so lange nicht der Fall war."

Henry Brandt steht mit Verve für Israel ein und ist stolz auf sein Judesein, daß er das Judentum vertreten darf, daß er es erklären kann, daß er vor allem daran arbeiten kann, daß in Deutschland wieder jüdisches Leben entsteht, und sich ausbreitet. Er hat in Israel, Großbritannien, in der Schweiz gearbeitet. Als einer der wenigen deutschsprechenden Nach-Holocaust-Rabbiner ist Henry Brandt vor Jahren bewußt nach Deutschland zurückgekommen, in das Land, aus dem er stammt. In diesem Land als Rabbiner zu wirken, das bedeutet für ihn: Mitarbeit an der Aufgabe, Hitler den posthumen Sieg, von dem man oft spricht, nicht zu gewähren.

„Ich glaube, wir sind auf diesem Weg schon einen schönen Schritt weitergekommen", meint er optimistisch.

Sabbatabend
Von Isaak B. Singer

Der Sabbatabend wurde bei uns immer sehr feierlich begangen. Besonders zur Winterszeit. Wenn es dämmerte, pflegte mein Vater mit seiner Gemeinde das Mahl zum Sabbatausklang einzunehmen. Das Haus blieb ohne Licht. Die Männer stimmten Tischgesänge an. Sie aßen *chale*, trockenes weißes Sabbatbrot, und ein Stück Karpfen oder Hering. Zeit seines Lebens hatte mein Vater sich bemüht, chassidischer Rabbi zu werden, und nun predigte er seinen Anhängern. Ich stand immer hinter seinem Stuhl und hörte zu. Mein Vater zog heftig gegen weltliche Vergnügungen vom Leder. Er pries die Freuden, die die Frommen im Himmel erwarten, wo sie auf goldenen Stühlen sitzen, Kronen auf ihren Häuptern, während die Geheimnisse der Tora enthüllt werden. Mein Vater redete noch, als schon die ersten Sterne und oft auch der Mond sichtbar wurden. In meiner Vorstellung verbanden sich meines Vaters Gespräche über die Seele und den „Thron der Herrlichkeit" stets mit dem Leuchten der Sterne, dem Antlitz des Mondes und den Silhouetten der Wolken. Die Geheimnisse der Tora waren eins mit den Geheimnissen der Welt, und nie sonst fühlte ich das so deutlich wie am Sabbatabend nach Sonnenuntergang, kurz ehe die Kerzen angezündet wurden. Meine Mutter saß dann in einem anderen Zimmer und murmelte leise das Gebet „Gott Abrahams". Unsere Wohnung war zu dieser Stunde ganz erfüllt vom Geiste Gottes, von Engeln und von Geheimnissen, von einer eigenartigen Sehnsucht und einem Verlangen, wie sie niemand beschreiben kann.

Und dann ging der so geliebte Sabbat zu Ende, und eine neue Woche begann. Man zündete die Sturmlaternen an, sprach die Abendgebete und setzte die geflochtene Wachskerze in Brand. Nachdem mein Vater den Segen über den Wein gesprochen hatte, benetzten die Männer ihre Finger damit und betupften die Augen, eine Beschwörungsgeste, um den Erfolg der kommenden Woche zu sichern. Während der Wintermonate ging meine Mutter dann in die Kälte, um Hafergrütze zu kochen. Vater las das Kapitel „Und Gott wird euch vom Reichtum der Erde geben" und die Geschichte des armen Heiligen, der den Propheten Elijah für achthunderttausend Gulden in die Sklaverei verkaufte. Anschließend wurde das Feuer in unserem Kachelofen angefacht, um das Wohnzimmer zu heizen.

Die Männer saßen in ihren Sabbatkleidern da, schlürften Tee mit Zitrone und sprachen über chassidische Probleme und die Ereignisse in der Welt. Das ganze Haus duftete nach Kerzenwachs, geweihten Gewürzen und schien erfüllt von Wundern und Wundertaten. Mein Vater war ein starker Raucher. Er wartete ruhig, aber sehnsüchtig den ganzen Sabbat über auf den Augenblick, wo er eine Zigarette oder seine Pfeife würde anzünden können.

Henry G. Brandt

Henry G. Brandt, Jüdischer Präsident des Deutschen Koordinierungsrates der Gesellschaften für christlich-jüdische Zusammenarbeit, wurde am 25. September 1927 in München geboren, wo er die Volksschule und die erste Klasse der Realschule besuchte. Nachdem sein Vater nach der „Reichskristallnacht" in Dachau inhaftiert wurde, wanderte die Familie über England 1939 nach Palästina aus. Schulbesuch in Palästina und Großbritannien. Berufsweg des Bankangestellten. 1951 bis 1955 studierte Brandt an der Queen's University of Belfast, schloß mit einem Diplom in Wirtschaftswissenschaft und wurde Marktanalytiker bei einem Automobilunternehmen. Von 1957 bis 1961 studierte er am Leo-Baeck-Kolleg in London und erwarb 1961 das Rabbinerdiplom. Er wurde Rabbi der Association of Reform Synagoges in Nord-Ost-England und bemühte sich schon sehr früh um eine Zusammenarbeit zwischen jüdischen und christlichen Gemeinden in Leeds. Von 1971 bis 1982 Rabbiner der Jüdischen Liberalen Gemeinde Orchadasch Zürich. 1982/83 war er für 18 Monate interimistisch Gemeinderabbiner der Stadt Göteborg. Vom 1. Oktober 1983 bis zum 30. April 1995 war er Landesrabbiner von Niedersachsen. Seither wirkt er als Landesrabbiner von Nordrhein-Westfalen mit Sitz in Dortmund. Henry Brandt ist seit 1955 verheiratet und Vater von vier Kindern. Er veröffentlichte Artikel und Beiträge in Zeitungen und Zeitschriften in England, der Schweiz und Deutschland und arbeitete in verschiedenen Sammelbänden über jüdisch-christliche Themen mit. Im Juni 1994 wurde Henry Brandt vom Fachbereich Evangelische Theologie der Universität Marburg die Ehrendoktorwürde verliehen. Erstmals wurde damit von der ältesten lutherischen Universität der Welt ein Rabbiner ehrenhalber promoviert.

4. Der Chasán oder Kantor und der jüdische Gebetsgesang

Die jüdische Liturgie gilt als die älteste der Welt. Schon im Tempel Salomons, so ist überliefert, vervollkommneten die Leviten den täglichen Opferdienst der Kohanim, der Priester, durch Gesang und Harfenspiel. Das war 900 Jahre vor unserer Zeitrechnung. Freilich, wie diese Musik geklungen hat, weiß heute niemand mehr. Es sind weder Notenaufzeichnungen noch Notationssysteme vorhanden, wie etwa von den alten Griechen, deren Vokal- und Instrumentalmusik wir rekonstruieren können. Eine Annäherung an die hebräische Tempelmusik versucht in unseren Tagen aufgrund intensiver Forschungsarbeiten Chaim Storosum mit seinem weithin bekannten Kammermusikensemble Collegium Musicum Judaicum aus Amsterdam. Hebräisch ist eine Sprache wie Musik. Nach altem jüdischen Verständnis soll das ganze Leben ein dauernder Lobgesang Gottes sein und mithelfen, die Schöpfung Gottes auf Erden zu vollenden. Von daher ist es auch verständlich, daß im Judentum nie zwischen religiöser und weltlicher Musik unterschieden worden ist.

Tempel und Synagoge, Priester und Rabbiner — beide sind Formen und Träger des frühjüdischen Gottesdienstes.

Der Tempel — das war das Symbol der Anwesenheit Gottes im seßhaften Israel, es war die Stätte, wo Gott das Opfer dargebracht wurde. Das Heiligtum des frühen Israel war ein Zelt; die Bundeslage war tragbar, das heißt: Der Gott Israels wanderte mit seinem Volk, er ist an keinen Ort gebunden. Von daher gesehen hat es im Judentum immer schon auch Vorbehalte gegen den Tempel gegeben. Im übrigen: Das Volk hatte herzlich wenig mit dem Tempelkult und seinem erblichen Priestertum zu tun. Der Tempelkult hielt das Volk in der Rolle des Zuschauers. Mit dem Tempel waren die Juden durch die Zahlung des halben Schekels, den jeder Israelit zu entrichten hatte, und durch die Wallfahrtsfeste verbunden. Das änderte sich schon zu Zeiten des zweiten Tempels, als sich Juden just an jenen Tagen zu Schriftlesungen trafen, da eine Delegation ihres Ortes im Jerusalem Tempel weilte, um dem Opfer beizuwohnen. Diese Versammlungen mit Schriftlesungen und Gebeten hat vermutlich mit zur Bildung der

Institution der Synagoge und des Synagogengottesdienstes geführt. Die Synagoge — das ist ja der Versammlungsraum, das „Heiligtum im Kleinen". Neben die Tempelfrömmigkeit trat also die Gebetsfrömmigkeit, neben den Tempel die Synagoge. Später wurde der Tempel durch die Synagoge ersetzt, in der Praxis jedenfalls. Die beiden Jerusalemer Tempel bestanden zusammen nicht länger als 1000 Jahre, die Synagoge besteht seit mindestens 2000 Jahren. Die Zerstörung des zweiten Tempels durch die Römer im Jahre 70 n. u. Z. markiert einen wichtigen Abschnitt in der Geschichte des jüdischen Volkes: Von nun an setzt die Zerstreuung der Juden über die ganze Welt ein. Bedeutende Gemeinden bildeten sich in Alexandrien, in Rom, später in Cordoba, Sevilla, in Worms, Mainz und in Prag, in der Wiener Neustadt und in Amsterdam. Nach und nach bildeten sich dort auch eigene Riten heraus.

Waren im Tempel nur die Priester tätig, so fiel mit der Einführung der Synagoge die hierarchische Struktur. Der Priester wurde gleichsam arbeitslos, an seine Stelle traten die Fachleute aus dem Laienstand, der Rabbiner, d. h. der Meister, der Schriftgelehrte, sowie der Chasán oder Schaliach Zibur, der Kantor oder Vorbeter/Vorsänger. Hier wird eine alte Forderung aus talmudischer Zeit deutlich: Ein „Alter und Geübter, der verheiratet und arm ist und dessen Herz daher völlig im Flehen zu Gott aufgeht" — der sollte für die Gemeinde laut beten. Die Tora-Vorlesung war immer schon Tora-Vorsingen, und zwar nach dem sogenannten Tropp kantiliert, der damals wie heute alle traditionelle Gebetsmusik durchdringt.

Übrigens, der Chasán war anfangs gar kein Vorsänger, sondern ein höherer Beamter, ein Diener während des allgemeinen Gebets, der die Tora-Rolle aus der Lade hob und die vorzulesende Stelle aufschlug. Erst später wurde er zur Tora-Vorlesung und zum Vorbeten herangezogen. Heute ist der Chasán oder der Kantor die populärste und auffälligste Erscheinung im Synagogen-Gottesdienst. Dazu hat ohne Zweifel der Pijut beigetragen, die Poesie der jüdischen Feste. Der Pijutgesang entwickelte sich zu selbstständigen Musikweisen, und damit hielt der Kunstgesang Einzug in die Synagoge.

Im Gegensatz zum Tempelgottesdienst der Frühzeit ist der Synagogengottesdienst immer Volksgottesdienst gewesen. Wer vorbeten konnte, der durfte es tun; wer aus der Heiligen Schrift lesen konnte, der durfte daraus lesen; und wer die Schrift interpretieren konnte, der durfte in der Synagoge predigen. Die Religion der Synagoge ist eine Religion der Laien. Mit den Worten von Rabbi Ascher aus dem 9. Jahrhundert: „Wer liest, soll gehört werden — und wer hört, soll verstehen."

Der Rabbiner ist kein Priester. Seinem Charakter nach als „Gesandter der Gemeinde" (Schaliach Zibur), der den Synagogen-Gottesdienst leitet, gleicht der Chasán eher als der Rabbiner dem Geistlichen oder Pfarrer in den christlichen Kirchen. Neben dem Chasán gibt es noch den Koreh (Vorleser), ein torakundiger Mann, der den wöchentlichen Tora-Abschnitt in dem dafür spezifischen Sing-Sang vorträgt.

Mit der Zerstörung des zweiten Tempels in Jerusalem verschwand auch die den Opfergottesdienst verschönende Musik, und es verschwanden die Menschen, die diese Musik pflegten. Von den im Tempel gebräuchlichen Instrumenten (zwei Arten der Leier, Trompete, Klarinette, Flöte, Pauke sowie Zymbeln) überlebte im jüdischen Kult allein der Schofar, das Widderhorn. Ein Instrument zur Erzeugung elementarer Signale und Signalphasen, heute hauptsächlich an Rosch Haschana (Neujahrsfest) und an Jom Kippur (Versöhnungstag) geblasen. Anders als im Tempel, wo musikalischer Pomp wie auch differenzierte Instrumentalkunst der Leviten vorherrschend waren, wird in der Frühphase der Synagoge die Musik zur eher zurückhaltenden Unterstützung des gesprochenen Wortes und zum einfachen Singen des Gebetes reduziert. Neben die einfachen Gebetsmelodien traten später Sangesformen (Kantilenen) zum Vortrag der Psalmen des Pentateuch und anderer biblischer Texte. Aus der Psalmodie, dem Vortrag der Psalmen, entwickelte sich — aufgrund der poetischen Struktur der Psalmen — im jüdischen wie im christlichen Gottesdienst ein Rezitationsgesang. Seine ausgeprägte Zweiteiligkeit führte zur Herausbildung sehr verschiedener responsorischer Vortragsweisen. Beim Vortrag von Texten aus biblischen Büchern mußte sich die Musik dem Text eindeutig unterordnen. Dabei folgte die Kantillation mündlich überlieferten Bräuchen und mußte vorher auswendig gelernt sein, da beispielsweise der hebräische Text der Tora-Rollen ohne Satzzeichen und Vokalisierung geschrieben ist. Wo in biblischen

Vortragstexten Akzentzeichen auftauchten, dienten sie stärker der Betonung der grammatikalischen und syntaktischen Struktur des Textes als der Kennzeichnung spezifischer musikalischer Motive. Damit war in der Praxis jedem Vorbeter beim Vorbeten (das immer auch Vorsingen war) ein gewisses Maß an Freiheit gelassen. Das wiederum führte zur Entwicklung verschiedener Regionalstile: des jemenitischen, südmarokkanischen, mediterranen, sefardischen und des aschkenasischen.

Zum integralen Bestandteil der synagogalen Liturgie und zum bestimmenden Faktor der synagogalen Musik wurde der Pijut. Er taucht zum ersten Mal im 6. Jahrhundert in Palästina auf. Unter Pijut versteht man einen religiösen, meist vom Kantor verfaßten Hymnus zur Ausschmückung der feststehenden Gebete. So entstand allmählich die neue Funktion des Solo-Sängers, des Chasán (Vorsängers); in der Frühphase der Entwicklung wurde der Pijut nämlich in der Regel als Solo vorgetragen. Zum Solo traten später Refrains der Gemeinde. Allerdings weiß man von dieser Frühzeit nur sehr wenig. Man darf aber annehmen, daß die Vorsänger für ihren Gebetsgesang auch Anleihen bei der zeitgenössischen Musik der jeweiligen Länder gemacht haben, in denen jüdisches Gemeindeleben existent war.

Eine neue Blüte des Pijut verzeichnen wir im 10. Jahrhundert auf der iberischen Halbinsel unter dem Einfluß der arabischen Literatur; die Strophenform hält Einzug in die jüdische Dichtung und Liturgie. Ein weiterer wichtiger Entwicklungsschritt geschieht im 16. Jahrhundert in Safed in Galiläa, dem Zentrum der Kabballisten und Mystiker. Ihre Vorstellungen geben der musikalischen Gestaltung von Gebet und Feier neue Impulse, die sowohl die liturgische wie die außersynagogale Musik beeinflussen. Vor allem ihre starke Betonung der Heiligkeit und symbolischen Bedeutung des Sabbat führte zur Entstehung ihrer Hymnen wie das berühmt gewordene „Lecha dodi": „Geh mein Geliebter, der Braut entgegen, das Anlitz des Sabbat laßt uns empfangen". Vom 16. Jahrhundert an wurden auch zunehmend westliche Musiktechniken in die synagogale Musik einbezogen. Wie sich überhaupt zu verschiedenen Zeiten an verschiedenen Orten laufend neue musikalische Entwicklungen anbahnten, die oft genug auch auf den Widerstand der Rabbiner oder gar auf Verdammung durch sie stießen. Das galt vor allem für das Vordringen der Kunstmusik in die Synagoge wie für den östlichen Zweig des Chassanut, des Gebetsstils im Sologesang mit einem nun auch professionellen Chasán, einem professionellen Vorsänger. Stärker als anderswo erfuhr der Chassanut in Osteuropa Emotionalität und Dramatik. Der Chasán wurde zum Künstler und Virtuosen, was nicht selten rabbinische Kritik provozierte. Den Rabbinern war diese Art von Gebetsgesang zu „theatralisch" und zu „opernhaft", vielen Musikenthusiasten dagegen galt diese Art des Singens als kantorale Meisterschaft schlechthin.

Ab etwa 1800 setzt eine neue Ära der synagogalen Musik ein. Zugleich beginnen sich jetzt Konservative und Liberale zu scheiden, die Reform-Synagoge wird gegründet. Das jüdisch-traditionelle morgenländische Musikgut tritt nun, in der Aufklärung und der ihr folgenden Emanzipation, mit den verschiedenen Musikstilen der europäischen klassischen und romantischen Musikschulen in Verbindung und paßt sich der rhythmischen Symmetrie und vierstimmigen Harmonie des 18. und 19. Jahrhunderts an. Dadurch wird die hebräische Musik äußerlicher großartiger, entfernt sich aber in gewisser Weise von ihrem Ursprung, ihre morgenländische Natur tritt zurück, die hebräische Musik wird westlicher. Das hat gute Gründe; im Verlauf der sogenannten Emanzipation trat der jüdische Gottesdienst gleichsam in Konkurrenz zum Kirchengottesdienst, der wiederum eine immer stärkere künstlerische Ausgestaltung erfahren hatte. Chor und Orgel halten nun auch Einzug in den jüdischen Kult. Die Epoche zwischen 1840 und 1938 gilt als das „Goldene Alter" der synagogalen Musik. Zwei Komponisten und Arrangeure sind in diesem Zusammenhang vor allem zu nennen: Louis Lewandowski aus Berlin und Salomon Sulzer aus Wien. Sie gelten für den deutschsprachigen Raum als die „Klassiker" der Reform, die ihrem Charakter nach eine gemäßigte Reform darstellt. Lewandowskis und Sulzers Kompositionen haben dem Chassanut, dem Gebetsgesang, bis heute den Weg gewiesen: eine Mischung aus alten östlichen Stilformen und „modernem" Arrangement. Ein hervorragender Interpret dieser Musik ist der in Griechenland geborene und seit seiner Befreiung aus dem

KZ in Berlin lebende und wirkende Estrongo Nachama. Er ist seit Jahrzehnten Oberkantor der jüdischen Gemeinde und auch ein international gefeierter Sänger. Er verbindet in seiner Gesangskunst die sefardische (also: mittelmeerische) Tradition seiner Heimat mit der ashkenasischen (mittel- und osteuropäischen) Tradition seiner Wahlheimat.

Wenn wir heute vom Chassanut, vom jüdischen Gebetsgesang sprechen, dann denken wir vor allem an die Kulturlandschaft, in der er zur höchsten Blüte gedieh — das war in Osteuropa, in Ländern wie Polen, Ungarn, Rußland, Litauen, der Tschechoslowakei, in Städten wie Odessa, Wilna, Kischinew, Warschau, Budapest, Czernowitz u. a. Das waren einst die Metropolen jüdisch-liturgischer Musik, hier wirkten berühmte Kantoren inmitten von begeisterten Gläubigen. Diese Welt, die Welt des osteuropäischen Judentums, ist seit dem nazistischen Völkermord unwiederbringlich dahin.

Beten durch Singen, das ist die Funktion des Chassanut, der Chasán versucht in Gebetsgesängen auszudrücken, was andächtige Gläubige fühlen. Sie fühlen die Gegenwart Gottes. Denn nach der jüdischen Überlieferung wird durch das Gebet Gottes Gegenwart erwirkt.

Kol nidre

Alle Gelübde und Entsagungen, alle Verbannungen und Strafen,
wie Zwänge und Unbill,
alle anderen Gelübde, die wir gelobt
und die wir geschworen,
die wir gebannt, oder denen wir entsagt haben:
von diesem Versöhnungstag
bis zum nächsten Versöhnungstag,
der zu unserem Heil kommen wird —
bereuen wir schon jetzt.
Alle (Gelübde) sollen aufgelöst sein,
ungültig und vernichtet und aufgehoben sein.
Sie sollen nicht notwendig sein und keinen Bestand haben!
Was wir geloben, soll nicht als Gelübde betrachtet werden,
und was wir beschwören, als unbeschworen gelten,
und was wir beschließen, als ungültig gelten!

זה מעשה ידי
אברהם שולקין
אנכי ה לא תרצח
לא יהיה לא תנאף
לא תשא לא תגנב
שמור את לא תענה

Literatur

Sidur Sefat Emet. Mit deutscher Übersetzung von Rabbiner Dr. S. Bamberger, Basel 1956;
Robert Raphael Geis: Vom unbekannten Judentum. Freiburg/Basel/Wien 1975;
Isaak Bashevis Singer: Mein Vater, der Rabbi. Deutsch von Otto F. Best. Reinbek 1971;
Jüdische Liturgie. Geschichte, Struktur, Wesen. Herausgegeben von Hans Hermann Henrix. Mit Beiträgen von Johann Maier, Jakob J. Petuchowski, Hermann Reifenberg, Clemens Thoma. Freiburg/Basel/Wien 1979;
Henry G. Brandt: Zum Sabbat. Radio-Sendung im NDR 4, 29. 7. 1994.

IV. Der jüdische Kalender, jüdische Fest- und Feiertage

1. Tabellarische Übersicht

Ein Jahr zählt bei den Juden zwölf Monate, ein Schaltjahr dreizehn Monate. Unterschieden wird zwischen dem zivilen Jahr und dem religiösen Jahr. Das zivile Jahr beginnt im Monat Tischri (September), d.h. der erste Monat des zivilen Jahres ist der 7. Monat des religiösen Jahres. Das religiöse Jahr fängt mit dem Monat Nissan (März/April) an.

Die Namen der Monate:

Tischri	Nissan
Cheschwan	Ijar
Kislew	Siwan
Tewet	Tammus
Schewat	Aw
Adar I	Elul
Adar II (Schaltjahr)	

2. Der Festkalender

Die ernsten Tage (Jamim noraim) bzw. Hohen Feiertage:
Rosch Haschana/Neujahrsfest, 1.—2. Tischri (Sept./Okt.)
Jom Hakkipurim oder Jom Kippur/Versöhnungstag (Fasttag), 10. Tischri.
Die Tage vom 1.—10. Tischri sind Bußtage.

Die Wallfahrtsfeste:
Pessach/Pascha-Fest, 15.—22. Nissan (März/April)
Schawuot/Wochenfest, 6.—7. Siwan (Mai/Juni)
Sukkot/Laubhüttenfest, 15.—22. Tischri (Sept./Okt.)
Simchat Tora, 23. Tischri

Historische Feste:
Chanukka/Einweihungsfest, Lichterfest, 1.—2. Tewet (Dez./Jan.)
Purim/Fest der Lose, 14. Adar (Febr./März)
Lag B'Omer/Omerzählen, 14. Ijar (April/Mai)
Chamischa Assar bischewat oder Tubi Schewat/Neujahrsfest der Bäume, 15. Schewat (Jan./Febr.)

Trauer- und Fasttage:
der 9. Aw: Gedenktag an die Zerstörung des ersten und zweiten Tempels in Jerusalem;
der 10. Tewet: Erinnerung an die Belagerung Jerusalems;
der 17. Tammus: Erinnerung an den ersten Durchbruch bei der Belagerung Jerusalems;
der 3. Tischri: Fasttag der Erstgeborenen, ein Tag vor Pessach;
der 13. Adar: Fasttag der Esther, ein Tag vor Purim

Kalender und Kalenderreformen — und damit verbunden unterschiedliche Anfänge eines neuen Jahres — hat es in der Geschichte der Menschheit in den unterschiedlichen Kulturen immer wieder gegeben. So geht beispielsweise der heute nahezu überall gebräuchliche Kalender auf Gaius Julius Caesar zurück. Er beseitigte die im alten römischen Kalender arg willkürlich gehandhabten Schaltregeln; dem römischen Kalender lag ursprünglich ein reines Mondjahr zugrunde, später dann die Mond-Sonne-Mischform des Lunisolarjahrs der Griechen. Der Julianische Kalender ging zum reinen Sonnenjahr über, führte die heute noch üblichen Monatslängen von 30 und 31 Tagen ein, nur der Monat Februar, für den alle vier Jahre ein Schalttag eingeführt wurde, hatte 28 bzw. 29 Tage. Durch die Schaltregel hatte der Julianische Kalender eine Länge von 365,25 mittleren Sonnentagen. Gezählt wurde „ab urbe condita", d. h. von der Gründung der Stadt Rom ab, also vom Jahre 753 v. Chr. Die schon im Mittelalter erkannten Fehler des Julianischen Kalenders wurden dann von Papst Gregor XIII. beseitigt, und nach und nach setzte sich der Gregorianische Kalender durch. Bereits 1585 war er von den meisten katholischen Ländern eingeführt, im Jahr 1700 folgten das evangelische Deutschland und die skandinavischen Länder, 1752 Großbritannien und in den 20er Jahren unseres Jahrhunderts auch die orthodoxen Länder Ost- und Südeuropas. Ausgangspunkt der Zählung beim Gregorianischen Kalender ist die Geburt Christi.

Ganz anders verhält es sich mit dem jüdischen Kalender, und zwar bis heute. Er setzt den Beginn der Zeitrechnung auf die Erschaffung der Welt fest, auf das Jahr 3761 v. Chr. , noch genauer: Der Beginn der Zeitrechnung wird auf den 7. Oktober 3761, 8 Uhr, 11 Minuten datiert. Auf dieses Datum haben die Juden die Schöpfung festgelegt, daran hält sich bis heute der offizielle jüdische Kalender, auch der Kalender im Staat Israel.

Natürlich haben die jüdischen Weisen gewußt, und selbstverständlich wissen aufgeklärte Juden unserer Zeit, daß man einen Vorgang wie die Schöpfung, die weit eher ein evolutionärer Prozeß denn eine einmalige Tat war, nicht theologisch-mathematisch auf ein ganz bestimmtes Datum hin fixieren kann. Wichtig ist die dahinter stehende „geistige Revolution", auf die Rudolf Wendorff, Mitglied der International Society for the Study of Time, aufmerksam gemacht hat: „Hier wird ... zum ersten Mal in der Weltgeschichte versucht, das Leben des eigenen Volkes und alle eigenen religiösen Erfahrungen und Gedanken in eine einigermaßen überschaubare reale Geschichte der Welt einzuordnen und an die Stelle üblicher Mythen von zeitloser Tiefe alle menschliche Existenz in einen Zeithorizont einzufügen, der einen konkreten Anfang hat und in Verbindung damit auch wohl ein konkretes Ende haben wird."

Nach jüdischer Zeitrechnung, nach dem jüdischen Kalender, schreiben wir 1995 das Jahr 5756. Ursprünglich war das Jahr bei den Juden ein Mondjahr mit 354 Tagen, gerechnet wurde von Neumond. Gegenüber dem Sonnenjahr war das Mondjahr um 11 Tage zu kurz, das Jahr hatte 50 1/2 Wochen, jeder Monat nur 29 oder 30 Tage. Das wiederum hatte Auswirkungen auf die jüdischen Feste, die teilweise an Aussaat und Ernte gebunden waren, und so nahm man im Laufe der Zeit zwischen Mond-und Sonnenjahr noch einen Schaltmonat hinzu, um mit diesem komplizierten Schaltrhythmus die Differenz auszugleichen. Mit anderen Worten: Der jüdische Kalender geht seit dem vierten nachchristlichen Jahrhundert vom sogenannten Lunisolarjahr aus. Der Jahresanfang war seit alter Zeit im Herbst, das Herbstfest galt als „Ausgang" und „Wende", was für ein Volk mit Ackerbaukultur unter den klimatischen Verhältnissen Palästinas ja auch sinnvoll war. Freilich, gegen Ende der Königszeit hatten die Juden den Jahresanfang — analog dem babylonischen Kalender — auch eine Zeitlang im Frühling, was später wieder rückgängig gemacht wurde. Auch die Namen für die Monate sind erst in der babylonischen Gefangenschaft Israels (587 v. u. Z.) entstanden. Im Grunde kennt das jüdische Jahr zwei Jahresanfänge. Das religiöse Jahr beginnt im Monat Nissan, im Frühling, mit dem Pessachfest zur Erinnerung an den Auszug aus Ägypten und der Volkwerdung Israels. Wie in 2 Mose 12,2 festgehalten: „Dieser Monat soll bei euch der erste Monat sein, und von ihm an sollt ihr ohne Monate des Jahres zählen." Das bürgerliche Jahr beginnt für die Juden im frühen Herbst, am 1. und 2. Tischri, dem siebten Monat, mit dem Hohen Feiertag Rosch Haschana. Obwohl Freude höchstes Ziel jüdischen Lebens ist, ist an Rosch Haschana Ernsthaftigkeit angesagt, Besinnung auf die Verantwortung, die der Einzelne im Leben hat. Rosch Haschana ist Gerichtstag, die Chance zur Umkehr des Menschen zu Gott, zu der das Schofar-Horn aufruft. Es erklingt dann ein zweites Mal nur noch an Jom Kippur, am Ausgang des Versöhnungstages, wenn die offiziell angesetzte Zeit der gemeinsamen Einkehr und Sühne abgeschlossen ist und das neue Jahr mit seiner Normalität beginnt. Wiederkehr kennt strenggenommen nur die Natur, nicht aber die Geschichte. Der Ablauf eines Jahres mit der sterbenden und wiederkehrenden Natur stellt ein natürliches Ordnungsgefüge dar. Das haben Menschen früh erkannt, und sie haben dem Zyklus der Natur mit Festen Ausdruck verliehen; die Feste setzen deutliche Akzente im Jahresverlauf. Diese mythischen Vorstellungen haben sich die Religionen zu eigen gemacht, das Judentum so gut wie das Christentum. Daß man geschichtlichen Vorgängen und Daten eine starke Bedeutung beimißt, setzt voraus, daß man sie als sinnvoll betrachtet. Denn wenn alles Weltgeschehen nur ein blindes Durcheinander ist, erübrigt sich das Festhalten einzelner Daten.

Salcia Landmann, die sich mit der Gedenktagsthematik gründlich beschäftigt hat, macht nicht ohne Selbstironie die Juden verantwortlich für den heute oft beklagten Gedenktagsrummel. Sie schreibt:

„Der Gedenktag setzt ursprünglich die Meinung voraus, daß hinter dem Weltgeschehen eine übergeordnete Macht steht, die da eingegriffen hat und die den Gang der Geschichte lenkt. Auf einen solchen Einfall wären z.B. die nüchternen, stark realitätsbezogenen Griechen nie verfallen. Auch jene unter ihnen, die noch an die Götter glaubten — und das dürften in der klassischen Periode nicht mehr sehr viele gewesen sein —, sahen in deren Verhalten und Eingreifen ins menschliche Geschehen nicht eine moralische und metaphysische Sinnerfüllung des Seins. Die Götter handelten willkürlich, launisch, ließen sich durch Sympathien, Antipathien und Gelüste lenken, waren auch untereinander verzankt. Es hätte wenig Sinn gehabt, genaue Daten etwa darüber zu eruieren und festzuhalten, wann Aphrodite einem Protigé der tugendhaften Hera einen Streich gespielt, oder letztere einem Liebling ihres treulosen Gatten Zeus Scherereien eingebrockt hatte — ganz abgesehen davon, daß man es hierbei mit Sagen und Mythen und nicht mit historischen Fakten zu tun hatte. Und ähnlich sah auch das Weltbild aller anderen Völker aus, der primitiven sowohl wie der hochkultivierten."

Die Wende kam in der Tat mit den Juden und ihrem völlig neuen Weltkonzept. Denn den Juden war in der Wüste ein Gott begegnet, der sich mit dem Schicksal des hebräischen Volkes restlos identifizierte. Folgen wir noch einen Augenblick den Überlegungen von Salcia Landmann:

„Er behauptete einstweilen noch nicht, wie dann später bei den Bibelpropheten, die einzig existierende Gottheit zu sein. Im Gegenteil. Die heidnischen Götter existierten nach seiner Meinung alle, er nahm ihre Konkurrenz durchaus ernst und verbot, ihnen zu opfern oder ihnen zu beten. Nicht weil es sie nicht gab, sondern er sagte ausdrücklich: ‚Denn ich bin ein eifersüchtiger Gott.' Für diese Exklusivrechte wollte er sich den Hebräern gegenüber auch durchaus erkenntlich zeigen. Wer ihm treu war, dem versprach er Wohlergehen und Nachkommen wie Sand am Meer. Entsprechend drohte er für Ungehorsam harte Strafen an... Er schuf zugleich eine Gesetzestafel, die nur partiell zeit- und konfessionsbedingt war und ist. Nicht ohne Grund wird sie von einem hohen Prozentsatz der Menschheit bis heute als gültig und verbindlich empfunden...

Wenn nun ein solcher Gott den Gang der Historie bestimmt, ist es klar, daß jeder einzelne Termin einen ganz neuen, gewichtigen Akzent erhält. An ihm läßt sich ja Gottes Gunst oder Zorn ablesen, und daraus kann man auch ablesen, was man für die weitere Zukunft zu erwarten hat. Damit war also der zugleich religiöse und historische Gedenktag geboren, der zunächst für die Juden, dann aber auch für andere Völker eine ganz neue Bedeutung gewinnt."

Jamin tobim, die „guten Tage", wie die jüdischen Feiertage genannt werden, gliedern sich in zwei Gruppen: einmal in die Wallfahrtsfeste, so genannt, weil im Alten Israel einmal im Jahr zu einem dieser Feste jeder Erwachsene zum Tempel nach Jerusalem wallfahren sollte, um Gott zu danken. Das war zu Pessach, dem Frühlingsfest, der Fall, zu Schawuot, dem sommerlichen Erntefest, und zu Sukkot, dem herbstlichen Dankfest. Diese Pilgerfeste hingen mit dem landwirtschaftlichen Jahr in Palästina zusammen. Aber jedes dieser Feste hat auch seine besondere Beziehung zu Ereignissen der frühen jüdischen Geschichte. So erinnert Pessach an die Befreiung Israels aus der Knechtschaft Ägyptens; Schawuot feiert die Gesetzgebung am Sinai, und Sukkot, das Laubhüttenfest, erinnert an die Hütten, in denen die Israeliten auf ihrer Wanderung durch die Wüste schliefen.

Daneben gibt es eine zweite Gruppe von Festen, die — wie sie heißen — „Ehrfurcht gebietenden Feste". Heilige Tage im jüdischen Jahr: Rosch Haschana, das Neujahrsfest, und Jom Kippur, das Versöhnungsfest. Das Neujahrsfest leitet zehn Tage der Buße ein, die mit dem Versöhnungstag zuende gehen. Jom Kippur, auch der „Sabbat der Sabbate" genannt, ist der höchste und heiligste Tag im jüdischen Festkalender. Die Tage zwischen Rosch Haschana und Jom Kippur heißen die „zehn Tage der Rückkehr". Ohne die Teschuwa, ohne die Umkehr und Rückkehr der Menschen zu Gott, ist das Judentum nicht denkbar. Und keinem Rückkehrenden wird — wie wir gehört haben — das Tor verschlossen. So konnten die Weisen sprechen: „Groß ist die Umkehr, denn sie reicht bis zum Thron der Herrlichkeit." Ja, nach jüdischem Verständnis werden die „Meister der Rückkehr" sogar noch über die vollkommenen Gerechten gestellt; in ihrem Ringen offenbart sich der Bund, den Gott mit seinem Volk geschlossen hat, bis an die Grenze des Möglichen. So kann am Beginn des Versöhnungsfestes, zehn Tage nach dem Gerichtstag Rosch Haschana, verkündet werden:

„Verziehn wird aller Gemeinschaft der Kinder Israels und dem Fremdling, der in ihrer Mitte weilt, denn allem Volk geschahs aus Wahn."

Neben den Wallfahrtsfesten und den ernsten Tagen verzeichnet das jüdische Jahr noch einige Feiertage, die in der jüdischen Geschichte begründet sind, aber nicht von der Tora gefordert werden. Dazu zählen Chanukkah, das Einweihungs- oder Lichterfest, dann Purim, das Fest der Lose, sowie einige kleinere Feiertage wie Lag baomer, das Fest des Omerzählens, und Tubi Schewat, das sogenannte „Neujahrsfest der Bäume". Schließlich gibt es auch noch einige ausgesprochene Trauertage, die gleichfalls mit historischen Ereignissen zusammenhängen und deren Erinnern mit Bußübungen und Fasten begangen wird. Wie beispielsweise der 9. Aw, der dem Gedenken an die Zerstörung des Jerusalemer Tempels gewidmet ist.

Wir beginnen unsere Übersicht über die jüdischen Fest- und Feiertage mit Rosch Haschana, dem Neujahrsfest, mit dem die Juden am 1. und 2. Tischri das bürgerliche Jahr einleiten.

2.1 Rosch Haschana — Neujahrsfest

Rosch Haschana: Geburtstag der Welt, Tag der jährlichen Umkehr und Erneuerung im göttlichen Weltgericht. Dazu heißt es in den Legenden zur Bibel:

Am ersten Tag des Jahres wurde Adam erschaffen. Am gleichen Tag stand er vor Gericht. Da sprach der Herr zu Adam: So setzest du ein Zeichen für alle deine Nachkommen. Denn heute stehst du vor Gericht und wirst freigesprochen, und ebenso werden alle Menschenkinder Jahr für Jahr am Neujahrstage vor meinem Gericht erscheinen und von ihren Sünden freigesprochen werden.

Zur Umkehr ruft der Schofar, das Widderhorn, das einzige Musik-Instrument, das die traditionelle Synagoge kennt. Der Ton des Schofar ist klagend, ein archaischer Laut wie aus Abrahams Zeiten. Und damit hat das Widderhorn auch zu tun: mit der Akeda, der Fesselung Isaaks, dieser furchtbaren Probe, auf die Gott den Abraham stellt. Er soll seinen eigenen Sohn Isaak ihm, dem Herrn, im Land Moria zum Brandopfer darbringen (1 Mose 22). Abraham fügt sich dem Willen Gottes, aber in letzter Minute hält ihn ein Engel davon ab, seinen Sohn zu opfern. Abraham erblickt einen Widder, der sich im Gestrüpp verfangen hatte, nimmt ihn und bringt ihn statt seines Sohnes zum Brandopfer dar. Und Gott schwor dem Abraham: „... weil du dies getan hast und deinen einzigen Sohn mir nicht vorenthalten hast, will ich dich segnen mit reichem Segen und will deine Nachkommen überaus zahlreich machen wie die Himmelssterne und wie den Sand am Ufer des Meeres..."

Die Legende hat dem Schwur Gottes übrigens ein sozusagen schlitzohriges Versprechen beigesellt, das Abraham dem Herrn abrang. Es versteht sich, daß die Tora-Lesung zu Neujahr Genesis 21 und 22 umfaßt, wobei am ersten Tag die Geschichte von der Geburt Isaaks und der Vertreibung Hagars mit ihrem Sohn Ismael gelesen wird und am zweiten Tag die Erzählung vom Isaak-Opfer, Abrahams unerschütterlichen Gottvertrauen und dem als Reaktion darauf von Gott erneuerten Bundesschluß mit Abraham und seinen Nachkommen.

Abraham wußte um die Sündhaftigkeit des Menschen wie um die Strenge des göttlichen Gerichts. Aber er kannte auch Gottes Liebe und Erbarmen. Und so bat er: Herr der Welt, wenn Isaaks Söhne Böses tun und sündig sind, so gedenke ihnen der Fesselung ihres Vaters und richte sie nicht in Strenge, sondern in Erbarmen! Da willigte Gott ein und sprach zu Israel: Lasset am Neujahrstag den Hornton des Widders erschallen, so gedenke ich der Fesselung Isaaks, und ihr werdet mir sein wie Isaak, der sich hingeben wollte.

In drei langen Tonfolgen ertönt der Schofar im Neujahrsgottesdienst. Die erste Tonfolge verkündet das Königtum Gottes auf Erden, die zweite Tonfolge erinnert an das Gottvertrauen der Väter Abraham und Isaak, und die dritte bezieht sich auf die Offenbarung Gottes am Sinai. Stehend und sichtlich erschüttert vernimmt die versammelte Gemeinde in der Synagoge den durchdringenden, geradezu kreatürlichen Ton des Widderhorns, der ihnen sagt: Wacht auf aus eurem

Trott und denkt über eure Taten nach. Verlaßt die schlechten Wege und geht die guten! Nach dem Talmud sind alle verpflichtet, diesem Ruf zu folgen und Teschuwa, Umkehr, zu leisten. Alle sollen den Schofar-Ton hören und sich sündenfrei ins neue Jahr begeben.

Mit den Worten des großen Lehrers Maimonides:

Ihr Schläfer, wachet auf aus
eurem Schlaf,
ihr Schlummernden,
erwachet aus eurem
Schlummer!
Prüfet eure Taten,
kehret um,
gedenkt eures Schöpfers!

Ihr, die ihr die Wahrheit vergeßt
um vergänglichen Tand,
eure Lebenszeit verzettelt
mit wertlosem Nichts,
blickt nun in eure Seelen,
ändert euren Weg!
Ein jeder lasse ab vom Übel
in Werk und Gedanken!

Nach jüdischem Denken ist Fehlverhalten gegen Menschen eine Sünde gegen Gott. Juden stellen sich vor, daß es ein göttliches Buch des Lebens gibt, in dem alle Taten der Menschen aufgeschrieben sind: ein Bilanzbuch menschlichen Verhaltens. Jede Seite hat zwei Spalten; die eine listet die guten Taten auf, die andere die Sünden. Jeder hofft, daß die Bilanz zum Guten neigt, wenn abgerechnet wird. Jeweils am Neujahrsfest beginnt jeder Jude eine neue, noch unbeschriebene Seite. Jeder gelobt, versuchen zu wollen, daß er nur gute Taten eingeschrieben bekommt: L´chaim tobim.

Einsicht, Reue, Umkehr werden vom Menschen, als einem Geschöpf mit freiem Willen, erwartet. Er selbst, der Mensch, kann mit seiner Vernunft ethische Entscheidungen treffen. Rosch Haschana, Gerichtstag: ja; aber der apokalyptische Gedanke von der Verworfenheit des Menschen und der Welt, den die Spätantike und das Mittelalter propagierten, hat im Judentum keinen Raum finden können. Gerade am Neujahrstag, am Beginn eines neues Jahres, wird dem Juden immer wieder gesagt, daß er eine Chance habe, daß er nicht verloren sei. Und es liege an ihm, diese Chance zu nutzen, dem Ruf des Schofar zu folgen und „umzukehren". Denn wer will schon aus dem Buch des Lebens, das Gott angelegt hat, gestrichen werden, wie es in Exodus 32,33 heißt: „Den, der gegen mich gesündigt hat, streiche ich aus meinem Buch." Und so wünscht man einander nach dem Neujahrsgottesdienst: „Möge dir im Buch des Lebens ein gutes Jahr bestimmt sein (eingeschrieben sein).“ Als Zeichen der Reinheit haben die Gläubigen während des Gottesdienstes ein weißes Gewand getragen. Freilich, auch dieser Brauch ist dialektisch zu verstehen: Das weiße Gewand ist auch das Totengewand des Juden, in dem alle begraben werden. Also auch hier, am Beginn eines neuen Jahres die Erinnerung an die Sterblichkeit und daß vor Gott alle gleich sind, unabhängig von der gesellschaftlichen Stellung, die jemand im Leben erreicht.

An Rosch Haschana, an den beiden Neujahrstagen am 1. und 2. Tischri wie am Versöhnungstag am 10. Tischri, pflegen auch diejenigen Juden die Synagoge zu besuchen, die sonst das ganze Jahr über dem Gemeindegottesdienst fernbleiben. Sie heißen — in der den Juden eigenen direkten Sprache — deshalb auch die „Drei-Tage-Juden“.

Kewakorass

Wie ein Hirte seine Schafe
unter seinem Stab hindurchziehen läßt,
so läßt du uns vorüberziehen,
musterst uns einzeln —
jeden —
und zählst und wägst
und setzt jedem sein Ziel
und schreibst für jeden einen Urteilsspruch:
Am Neujahrstag wird es geschrieben
und am Versöhnungstag besiegelt
wieviele vergehen
wieviele entstehen
und Gerechtigkeit
wer leben wird und wer sterben
wer lebensmüde und wer nicht lebensmüde
wer durch Feuersglut und wer durch Wasser,
wer durch Krieg und wer durch Hunger
wer durch Wetterschlag und wer durch Seuche
wer voll Ruhe bleibe und wer gehetzt
wer in Frieden weile, wer gequält,
wer in Freude und wer leiden soll,
wer sinkt und wer steigt
wer reich und wer arm.
Aber Umkehr,
Gebet,
und Gerechtigkeit wird,
wenden das Böse ab!

2.2 *Jom Kippur — Versöhnungsfest*

Am Neujahr wird das Geschick geschrieben und am Versöhnungstag besiegelt. So beten fromme Juden, und es ist eine weise Einrichtung, daß zwischen Rosch Haschana und Jom Kippur, zwischen Neujahr und Versöhnungstag, zehn Tage liegen: Tage der Einkehr, der Buße, der Umkehr. Der Mensch braucht Zeit, um die Zusammenhänge und die Folgen seines Denkens und Handelns zu erkennen und zu verstehen. Keine Frage, diese beiden Feste bilden die Eckpfeiler jüdischer Existenz.

Während des Abendgottesdienstes, der den Versöhnungstag einleitet, wird das berühmte „Kol Nidre" zu einer ergreifenden Melodie gesungen. Viele Musikliebhaber kennen das Thema, weil Max Bruch es in seinem zu Herzen gehenden Violinkonzert verwandt hat. Das Kol Nidre enthält die Bitte an Gott, dem Menschen seine Schuld zu vergeben und ihn von Gelübden zu entbinden, die er entweder voreilig oder gegen seinen Willen abgelegt hat. Wie damals, zur Zeit der blutigen spanischen Judenverfolgungen im 14. Jahrhundert, als unter Zwang getaufte Juden ihrem Judentum, ihrer Jüdischkeit mit einem Fluch hatten abschwören müssen.

Wie am Neujahrstag tragen die Gläubigen auch im Jom-Kippur-Gottesdienst ein weißes Obergewand, auch das Schofar-Blasen ist Bestandteil der Liturgie. Jom Kippur ist ein strenger Fast- und Bußtag, fünfmal nehmen die Gläubigen an diesem Tag an einem Gottesdienst teil, legen ihr Sündenbekenntnis ab und beten und bitten um Vergebung. Nach der Tradition sind am Versöhnungstag die Tore des Himmels geöffnet, um die Gebete aller Juden aufzunehmen. Geschlossen werden die Pforten wieder am Ende des Tages. Gott, so heißt es, hat dann festgelegt, wer im kommenden Jahr sterben und wer leben wird.

Bekennen und Reue sind die Voraussetzungen für die Vergebung der Sünden durch Gott, doch hat sich ein Mensch an einem Mitmenschen versündigt, muß er diesen zunächst um Verzeihung bitten, ehe er Vergebung von Gott erhalten kann.

Ähnlich wie am Neujahrstag erwarten die Gläubigen auch am Versöhnungstag im Gottesdienst eine Predigt. Meist wird sie gehalten, bevor die Liturgie des Kol nidre beginnt.

Dazu ein Beispiel.

Aus der Predigt eines Rabbiners zum Versöhnungstag:

„Man braucht nicht in jede Falle zu tappen, die das Leben stellt. Viele Fallen werden umgangen. Doch selbst im Augenblick des Scheiterns besitzt der Schuldig-Gewordene die Kraft der Einsicht in sein Tun. Und — so lehrt das Judentum in seiner optimistischen Schau — die Kraft zur Umkehr, zur Teschuwa. Adam und Eva haben gefehlt, Kain ist zum Mörder geworden. Ein Mord kann nicht ungeschehen gemacht werden. Kain ist Mörder für alle Zeit. Gerade an diesem Beispiel des ersten Mörders zeigen die Weisen Israels, wie sie die Umkehr verstehen. Ein Text aus der Antike interpretiert den Vers im 1. Mose, 4,16: Und Kain zog sich vom Angesicht des Herrn zurück. Er zog sich freudig zurück. Adam begegnete ihm und fragte: Wie ist das Urteil über dich ausgefallen? Kain antwortete: Ich tat Buße und habe mich mit Gott versöhnt. Da streichelte Adam ihm das Gesicht und sprach: So groß ist die Macht der Umkehr, und ich wußte es nicht. Selbst der Mörder darf auf Vergebung hoffen, wenn er sein Verbrechen eingesteht und Abbitte leistet. Abbitte vor Gott und den Menschen. Die Umkehr bleibt auch ihm erhalten."

Daß der Jom Kippur der heiligste Tag des jüdischen Jahres seit altersher war, erhellt auch die Tatsache, daß dies der Tag gewesen ist, an dem der Hohepriester im Tempel zu Jerusalem das einzige Mal im Jahr das Allerheiligste hinter dem weißen Vorhang betreten durfte. Über den Sinngehalt des Versöhnungstages heißt es im 3. Buch Mose (Leviticus): Dies soll euch als Satzung für immerwährende Zeiten gelten: Im siebten Monat, am zehnten Tage des Monats, sollt ihr fasten und keinerlei Geschäfte verrichten, weder der Einheimische noch der Fremdling, der sich bei euch aufhält. Denn an diesem Tag schafft man für euch Sühne, um euch zu reinigen: von all euren Sünden werdet ihr rein vor dem Herrn. Ein Tag völliger Ruhe soll es sein, und ihr sollt fasten; das ist eine immerwährende Satzung. Die Sühnebräuche aber soll der Priester vollziehen, den man salben und in sein Amt einsetzen wird, damit er anstelle seines Vaters Priesterdienst tue; er lege die linnenen Gewänder an, die heiligen Kleider. Er soll das Allerheiligste entsühnen, auch dem Offenbarungszelt und dem Altar soll er Sühne schaffen, die Priester und die ganze Volksgemeinde soll er entsühnen. Dies aber soll euch als eine immerwährende Satzung gelten, daß einmal im Jahr den Israeliten für all ihre Sünden Sühne verschafft wird.

Der Abend des Kol nidre wie der folgende Tag, an dem der Gottesdienst sehr früh am Morgen beginnt, kommen einem vor wie ein immerwährendes, ewiges Gebet. Im Abendgottesdienst hat die Gemeinde gegen Ende vor dem geöffneten Toraschrein auch das Adon Olam gesungen, das mit den Worten endet:

„In seine Hand empfehle ich meinen Geist zur Zeit,
da ich schlafe und erwache,
Und mit meinem Geist auch meinen Leib, Gott ist mit mir,
ich fürchte mich nicht."

In dieser Nacht wird die Synagoge nicht abgeschlossen, sie bleibt geöffnet und beleuchtet für alle, die beten wollen, und sei es die ganze Nacht hindurch bis zum frühen Morgen, an dem der Gottesdienst mit dem Adon Olam beginnt, mit dem er am Vorabend beendet wurde:

„Der Herr der Welt, er hat regiert, eh' ein Gebild geschaffen war,

Zur Zeit, da durch seinen Willen das All entstand, da wurde sein Name König genannt,

Und nachdem das All aufhören wird, wird er allein, der Ehrfurchtbare, regieren.

Er war, er ist, und er wird sein in Herrlichkeit ..."

In der Synagoge kniet man nicht; aber es gibt zwei Ausnahmen: den Neujahrstag und den Versöhnungstag. Da knien alle beim Alenu-Teil des Musafgebetes nieder, bei den Worten:

„Wir beugen das Knie und werfen uns hin und bekennen vor dem König der Könige, dem Heiligen, gelobt sei er ..."

Dazu gibt es eine Überlieferung, die auch im Gottesdienst erzählt wird. Als einmal am Versöhnungstag der Hohepriester aus dem Allerheiligsten des Tempels vor das Volk trat, sprach er den Namen Gottes mit den vier Buchstaben nicht als Adonai („Herr") aus, sondern sprach ihn voll aus. Das ergriff die Menschen so sehr, daß sie auf die Knie fielen und riefen: „Gelobt sei der Name seiner glorreichen Herrschaft immer und ewig."

Der Gottesdienst dauert viele Stunden lang; er schließt bei Sonnenuntergang mit dem Neila-Gebet. Zum letzten Mal an diesem Tag ist der Tora-Schrank geöffnet. Ganz zum Schluß sagen alle das „Sch'ma-Gebet":

„Höre Israel, der Ewige, unser Gott,
der Ewige ist einzig!
Gelobt sei der Name der Herrlichkeit seines Reiches
immer und ewig."

Im Wechsel von Kantor und Gemeinde bekennen die Menschen ihren Glauben. Dann — ein langgezogener Ton aus dem Schofar: der Jom Kippur ist zu Ende.

2.3 Sukkot — Das Laubhüttenfest

Nur fünf Tage nach dem ernsten Jom Kippur kommt wieder die volle Lebensfreude zum Durchbruch: Es ist Sukkot, die „Zeit unserer Freude", die neun Tage lang dauert bei orthodoxen Juden, bei Reformjuden acht Tage. Das Fest beginnt mit dem 15. Tischri und endet mit dem 23. Tischri. Sukkot ist das längste und auch das fröhlichste Fest im Reigen der hohen Feiertage im jüdischen Jahr.

Das Fest hat eine lange Geschichte, die bis in die biblische Zeit reicht. Wahrscheinlich ist es das älteste Fest der Juden, sie übernahmen es als herbstliches Erntefest von den Kanaanitern, die vor den Juden in Palästina lebten. Als eines der wichtigsten jüdischen Feste überhaupt, hatte Sukkot verschiedene Namen und Bedeutungen: Es war das „Fest des Einsammelns", also das Erntedankfest, es war das „Wasserschöpffest", an dem man, Gott um Regen bittend, ein Wasseropfer darbrachte, dann war Sukkot das „Fest der Hütten" oder auch ganz schlicht „das Fest". Ihm wurde ursprünglich eine größere Bedeutung beigemessen als den beiden anderen Wallfahrtsfesten Pessach und Schawuot.

Die alten Israeliten waren ein fröhliches Volk, dem Wein und dem Gesang zugetan, besonders zu Sukkot, ihrem Erntefest. Da, aber nicht nur da, lebten sie mit Jubel und Jauchzen, wie es beim Propheten Jesaja heißt. Andere Propheten, wie Amos und Hosea, haben die Ausgelassenheit der Menschen an Sukkot kritisiert und beklagt.

Im 5. und 4. Jahrhundert vor unserer Zeitrechnung, nach der babylonischen Gefangenschaft des jüdischen Volkes, begann sich das Sukkot-Fest wie auch andere Feste zu wandeln.

Die zunehmende Verstädterung lockerte die Bindung an die Natur, und allmählich entwickelten sich die tradierten Naturfeste zu nationalen Gedenktagen. Neben das Naturfest Sukkot, das dem Erntedank gilt, trat nun das Geschichtsfest mit dem Symbol der Hütte und der Erinnerung an die Wüstenwanderung der Juden nach ihrer Befreiung aus der Knechtschaft des Pharao in Ägypten. Der Leitgedanke dabei war: So wie einst Israel in der Wüste noch kein Haus hatte, sollten Juden in allen künftigen Geschlechtern einmal im Jahr sieben Tage in Hütten wohnen, um gleichsam die Gebrechlichkeit menschlicher Existenz sinnlich zu erleben. Getreu dem göttlichen Wunsch, wie er im 3. Buch Mose verzeichnet ist, in dem nach der babylonischen Gefangenschaft die Rituale der Jahresfeste fixiert wurden:

„Am fünfzehnten Tag des siebten Monats, wenn ihr den Ertrag eures Landes einsammelt, sollt ihr das Fest des Herrn feiern, sieben Tage lang. Am ersten Tag ist Feiertag, und am achten Tag ist Feiertag. Und ihr sollt euch am ersten Tag Früchte von schönen Bäumen, Palmzweige und Äste von dichtbelaubten Bäumen und von Bachweiden holen und sieben Tage lang fröhlich sein vor dem Herrn, Eurem Gott. Jedes Jahr sollt ihr dieses Fest sieben Tage lang feiern als das Fest des Herrn. Das ist ewig gültige Satzung für euch von Geschlecht zu Geschlecht. Sieben Tage sollt ihr in Laubhütten wohnen, jeder, der einheimisch ist in Israel, soll in Laubhütten wohnen, damit eure Nachkommen erfahren, daß ich die Israeliten in Hütten habe wohnen lassen, als ich sie aus Ägypten herausführte, ich, der Herr, Euer Gott."

Zwar werden die Israeliten bei ihrer langen Wanderung durch die Wüste ins verheißene Land eher in Zelten als in Hütten gewohnt haben, aber die Hütte, errichtet aus Naturprodukten, dieses Bild stellt die Verbindung zwischen dem alten Charakter des Festes, dem Erntefest, und dem neuen Charakter, dem Geschichtsfest, her. So ist es bis heute geblieben. Im Buch Nehemia ist aufgeschrieben, wie die Laubhütte gebaut werden soll:

„Ziehet hinaus ins Gebirge und holet Zweige vom edlen und vom wilden Ölbaum, von Myrten, Palmen und von anderen dichtbelaubten Bäumen, daß man Laubhütten mache, wie geschrieben steht. Da zog das Volk hinaus und holte sich's und machte sich Hütten, ein jeder auf seinem Dache und in den Höfen, auch in den Vorhöfen des Tempels. Die ganze Gemeinde, alle, die aus der Gefangenschaft zurückgekehrt waren, machten Laubhütten und wohnten darin. Und es herrschte sehr große Freude." Die Hütte wird so gebaut, daß man, wenn man in der Sukka sitzt, durch die grünen Zweige hindurch, die das Dach bilden, den Himmel und die Sterne sehen kann, um den Allmächtigen wahrzunehmen, der seine Kinder schützt und nie verläßt.

Zu Zeiten des Tempels soll ganz Jerusalem wie eine einzige Sukka, wie eine einzig festlich geschmückte „Hütte" ausgeschaut haben, darin immer wiederkehrende religiöse Manifestationen, sieben Tage lang: Prozessionen, Gottesdienste, Opferfeiern, Musik und Tanz. Juden, die heute die Tradition pflegen und eine Sukka bauen, halten in der Regel dazu ein Lattengerüst bereit, in das sie Laken und Decken hängen, auch Teppiche, welche die Wände bilden. Das Dach ist aus durchsichtigen Wänden gestaltet. Mit Bildern und Zierat wird die Laubhütte geschmückt, in Israel hängen Früchte des Landes von der Decke herab. Tisch und Stühle sind das Mobiliar der Laubhütte, manche schlafen auch während der Festwoche in der Sukka. Man trifft sich in ihr zu den täglichen Gebeten und zu den Mahlzeiten wie zu fröhlicher Unterhaltung am Abend.

Diese Stimmung überträgt sich auch in die Synagoge, in die man einen Feststrauß, Lulaw, mitnimmt. Dieser Feststrauß heißt Arba Minim („Vierarten") und besteht aus: einem Palmenzweig, drei Myrtenzweigen, zwei Bachweidenzweigen und dem Etrog, der Paradiesfrucht, die einer Zitrone ähnelt. Beim Gebet in der Synagoge wie in der Laubhütte wird der Lulaw in die rechte Hand, der Etrog in die linke Hand genommen, wobei der Lulaw hin- und hergeschwenkt wird, zum Zeichen, daß der Regensturm die Bäume schütteln möge. Die Erinnerung an die vier regenspendenden Winde rührt noch vom alten Wasserschöpffest her; die Bitte um Regen hatte im Vorderen Orient mit seiner Hitze und Dürre eminente Bedeutung. „Groß ist der Regentag so wie der Tag, an dem die Verbannten aus dem Exil erlöst werden", heißt es im Talmud. Und weiter: „Rabbi Akaba sprach: Die Tora sagt:

Gieße am Fest Wasser aus, denn es ist der Zeitabschnitt für Regen, damit der Regen für dich gesegnet werde. Wenn am Hüttenfest das Wasser ausgeschüttet wird, spricht Tiefe zu Tiefe: Laß dein Wasser hervorquellen, ich höre die Stimme zweier Freunde, nämlich Wasser und Wein, die auf dem Altar ausgegossen werden."

Die Bestandteile des Feststraußes deutet der Midrasch, jener Teil des Talmud mit der Sammlung von Lehrsätzen des mündlich überlieferten „Gesetzes" so:

„Dem Etrog, der schmackhaft ist und duftend, gleichen diejenigen in Israel, die über großes Wissen verfügen und zugleich gute Werke verrichten. Mit der Frucht der Palme, der Dattel, die wohl schmackhaft ist, aber ohne Duft, sind jene zu vergleichen, die viel Wissen besitzen, aber keine guten Werke vollbringen. Der Myrte, die duftet, aber nicht schmackhaft ist, gleichen diejenigen in Israel, die gute Werke stiften, aber unwissend sind. Der Bachweide, die weder schmackhaft noch duftend ist, gleichen die, die weder gelehrsam sind noch wohltätige Werke ausüben. Wie aber verhält sich Gott diesen verschiedenen Arten von Menschen gegenüber? Er vernichtet sie nicht, sondern spricht: O möchten sie sich doch alle zu einem festen Bunde vereinigen, um sich gegenseitig zu ergänzen."

In Europa hat sich seit Beginn der Neuzeit der Brauch herausgebildet, Laubhütten zu bauen, die man jedes Jahr wieder benutzen kann; das sind z. T. kunstvolle Gebilde, liebevoll gestaltet und den individuellen Spielraum spiegelnd, der bei aller Beachtung des Regelwerks möglich ist. Oft ist ja die Frage gestellt worden, warum sich das Judentum durch alle Verfolgungen hindurch bis auf den heutigen Tag erhalten hat. Vielleicht gibt gerade das Sukkot-Fest darauf eine Antwort; die Antwort nämlich, daß das Judentum es in drei Jahrtausenden seines Bestehens verstanden hat, sich zu wandeln. Gerade Sukkot und seine verschiedenen Sinnverschiebungen (Erntedankfest, Wasserschöpffest, Erinnerung an die Wüstenwanderung der Israeliten) beweisen nach Auffassung des Basler Religionswissenschaftlers Ernst Ludwig Ehrlich, zu welchen Wandlungen das Judentum fähig ist, daß das Judentum eben keine starre Gesetzesreligion ist, wie häufig fälschlich behauptet wird.

In Israel, wo Sukkot besonders festlich begangen wird, vor allem in den Kibbuzim, aber auch in den Vierteln der Städte und Gemeinden, hat das Fest in unserer Zeit einen neuen Sinn bekommen. Die alte Erinnerung an den Exodus aus Ägypten trifft heute zusammen mit dem Überdenken an den großen Exodus unserer Zeit, der Juden aus vielen Ländern zurückgeführt hat in das Land der Väter. Und so wünschen sie heute an Sukkot einander, was sich schon die Festbesucher zum Wallfahrtsfest vor über 2000 Jahren wünschten:

„Es segne dich der Herr von Zion her, sieh an, wie es Jerusalem gut hat, alle Tage deines Lebens, sieh deiner Kinder Kinder! Friede über Israel!"

2.4 Simchat Tora — Fest der Gesetzesfreude/Freude der Lehre

Der siebte Tag des Sukkot-Festes, Hoschana-rabba („Großer Lobpreis"), leitet in gewisser Weise mit seinen „Hoschana"-Rufen in den Gebeten während des siebenmaligen Umzugs durch die Synagoge schon über zum Tora-Freudenfest, zu Simchat Tora, d.h. Gesetzestreue. Auf den siebten Tag des Sukkot-Festes folgt der Schemini azaret (wörtlich: der achte Tag ein Festtag). Dieser achte Tag umfaßt zwei Tage; der zweite Tag hat einen eigenen Namen, eben Simchat Tora. Das Fest steht ganz im Zeichen der Tora, der fünf Bücher Mose, die ja — wie schon erwähnt — in einem einjährigen Zyklus abschnittweise im Synagogen-Gottesdienst gelesen wird. An Simchat Tora endet der Jahreszyklus und beginnt sofort wieder von neuem, d.h. dem letzten Abschnitt folgt unmittelbar wieder der erste Abschnitt. Anfang und Ende treffen zusammen — und das ist ein Grund zum Feiern. Das Zusammentreffen von Ende und Anfang signalisiert die nie endende Offenbarung Gottes und das ununterbrochene Studium der Tora, das frommen Juden heilige Pflicht ist. Die Tora ist die Basis für Israels nationale Existenz, das Buch des Bundes, den Gott mit diesem Volk eingegangen ist. Die Lehre dieses Gottes zu besitzen, darüber herrscht seit altersher Freude. So gesehen ist die aus der griechischen Septuaginta stammende Übersetzung von Gesetz für Tora ungenau und zu eng gefaßt. Die Tora ist Offenbarung und

Lehre, nur zu einem Teil auch Gesetz, jener Teil, der das Regelwerk zum Zusammenleben der Menschen zusammenfaßt.

Während am Sabbat in der Synagoge eine Tora-Rolle ausgehoben wird und an Feiertagen zwei Rollen, werden an Simchat Tora alle Tora-Rollen aus dem Schrein geholt und unter Singen und Tanzen gewiegt und umhergetragen. Sie werden von einem zum anderen gereicht, damit an der feierlichen Zeremonie möglichst viele Menschen beteiligt werden und sich erneut des größten Schatzes des jüdischen Volkes bewußt werden: der Tora. Alle männlichen Teilnehmer werden an diesem Tag zur Tora aufgerufen. Eine besondere Ehre ist es, wenn man den letzten Tora-Abschnitt und auch den ersten Abschnitt des wiederaufgenommenen Zyklus vortragen darf. Chatan Tora wird der zum letzten Abschnitt Aufgerufene genannt, d. h. „Bräutigam der Lehre". Der für den neuen Anfang Aufgerufene heißt Chatan Bereschit („Bräutigam des erneuten Anfangs"). Beide werden, wenn sie die Synagoge betreten, von Kantor und Gemeinde begrüßt: „Gelobt sei, der da kommt im Namen des Herrn! Wir segnen euch, die ihr vom Hause des Herrn seid." (Psalm 118, Vers 26)

Die Verbundenheit der Gemeindemitglieder mit der Tora, die Erneuerung des Bundes mit Gott durch jeden einzelnen, geht so weit, daß es zu einer symbolischen Trauung des Chatan Tora mit der Gemeinde kommt. Als „Bräutigam der Tora" tritt er unter einen Baldachin, wie sonst der Bräutigam bei einer Eheschließung, und liest den letzten Abschnitt des Tora-Jahreszyklus. Ergriffen lauschen alle der Erzählung vom einsamen Tod des Moses, dessen Grab niemand kennt, der das gelobte Land vom Berg Nebo aus noch schaute, der Knecht Gottes, durch den Jahwe sein Volk aus der Sklaverei errettete. Von der Lebensleistung des Moses heißt es am Ende des 5. Buches Mose:

„Fortan ist kein Prophet mehr in Israel aufgestanden wie Moses, mit dem der Herr von Angesicht zu Angesicht verkehrt hatte, bei all den Zeichen und Wundern, die er als Gesandter des Herrn im Ägypterland am Pharao, all seinen Knechten und an seinem ganzen Lande wirkte, und bei all den Erweisen gewaltiger Macht und all den furchtbaren und großen Taten, die Moses vor den Augen ganz Israels verbrachte."

Eine andere Tora-Rolle wird geöffnet, und der Chatan Bereschit, der „Bräutigam des Anbeginns" tritt zu seiner Lesung unter den Baldachin:

Bereschit bara elohim et haschamajim we-et ha-arez —

„Im Anbeginn schuf Gott den Himmel und die Erde ..."

Simchat Tora ist auch ein Fest für die Kinder. Sie tragen kleine Fackeln und Lichter, schwingen Fähnchen und bekommen Süßigkeiten und andere kleine Geschenke. In der Synagoge werden sie mit den Worten gesegnet: „Der Gott, der Ewige, der mich aus allem Übel erlöst, segne die Kinder ..."

An Simchat Tora werden auch die Kinder aufgerufen und treten vor, die noch nicht Bar-Mizwa waren, also noch nicht vollgültige Mitglieder der Gemeinde sind. Am Tora-Freudenfest wird ihnen dieselbe Ehre zuteil wie den Erwachsenen, denn sie sind die nächste Generation, sie geben die Tora weiter, halten die Tradition der göttlichen Offenbarung aufrecht, die die Mitte des jüdischen Lebens ist.

In Gemeinden, die nicht den orthodoxen Ritus pflegen, sind die Knaben „Bräutigame der Tora" und die Mädchen „Bräute des Anbeginns". Nach dem Mord der Nazis an mehr als einer Million jüdischer Kinder zwischen 1933—1945 wird hier ein Zeichen der Hoffnung auf die Zukunft gesetzt.

Für nicht wenige Juden gehört Simchat Tora zu den unauslöschlichen Eindrücken ihrer Kindheit. Am Tora-Freudenfest 5730, das war im Oktober 1969, erinnerte sich die Religionswissenschaftlerin Prof. Pnina Nave (Jerusalem/Heidelberg) in einer Radio-Sendung des NDR:

„In diesen Tagen denke ich zurück an die Synagogen meiner Heimatstadt Berlin. Sie waren verschieden in Brauch und Melodie. Wir Kinder lernten ihren Duft und ihre Farben. Ich sitze neben meiner Mutter, die mir immer wieder zeigen muß, wo im Gebetbuch gelesen wird. Das Singen und Murmeln umfängt mich, wird Teil von mir, nicht mehr wegzudenken von meinem Ich. Gerade noch war es die Laubhütte gewesen, die uns das warme, geborgene Gefühl des Judeseins gegeben hatte. Nun dürfen wir Mädchen hinunter in den großen Raum zu Vätern und Brüder, zum siebenfachen Umzug der Torafreude. Wir halten Fähnchen, besteckt mit Äpfeln und brennenden Kerzen. Die Mütter werfen uns Süßigkeiten zu. Wir sind keine Schriftgelehrten der Vorzeit, aber diese

Akrobatik beherrschen auch wir — Fähnchen und Kerze, Singen und Auffangen, Weiterschreiten und Singen: Tora — Ora! Die Tora ist Licht! Sie blieb das Licht, das unserem Leben Sinn und Inhalt gibt.

Dann sind andere, spätere Jahre: in meiner Heimatstadt Jerusalem. Nirgendwo wird so viel getanzt und gesungen, nirgendwo wiegen so viele schwere Rollen des Gesetzes so vielen Tänzern so leicht wie in Jerusalem. Wer diese Freude nicht gesehen hat, der hat noch nie im Leben erfahren, was Freude ist. Wie einst die Pilger der Tempelzeit sind hier alle eins, tanzen miteinander, verbunden im jüdischen Schicksal."

In Israel, in den Städten Jerusalem und Tel Aviv, veranstalten die Stadtverwaltungen öffentliche Simchat-Tora-Feiern. In Jerusalem findet die Feier in einem Park, in Tel Aviv auf dem größten Platz der Stadt statt. Die Umzüge veranschaulichen die Vielfältigkeit der religiösen Traditionen innerhalb des jüdischen Volkes; über 100 000 Menschen nehmen an diesen Umzügen teil, singend und tanzend — und feiernd bis tief in die Nacht:

„Überall in der Stadt wird getanzt und gebetet, gelesen und gesungen. Bedächtige Väter, Träger einer wohlbürgerlichen Gesellschaft, ziehen von Synagoge zu Synagoge, setzen im Rundtanz ihre Kleinsten auf die Schultern. Wir gehen durch die Marktgassen. Sauber gefegt sind die Gehöfte der einstigen Flüchtlinge aus arabischen Ländern. In winzigen Synagogen sitzen sie im Kreise, die Iraker und Marokkaner und Jemeniten. Lastträger und Handwerker, Kaufleute und Beamte, einst zuhause in bedrängten Gettos. Mit ihnen tanzen Gäste aus Amerika und Europa ... Wir gelangen zu den farbenfreudigen Bethäusern der bucharischen Juden. Weiter geht es nach Meah Schearim. Hundert Tore des Gebetes hat dieses Viertel in seinen Straßen und Gehöften. In Scharen ziehen die Gäste zu den Bethäusern der chassidischen Gemeinden. Bärtige Greise in russischer Bauerntracht zeigen den Gästen die Tanzschritte, vertrauen dem Fremdling die kostbare schwere Tora-Rolle an: er wird sie nicht fallen lassen im Rundtanz, denn aus ihrer Kraft erwächst auch ihm neue Kraft. Es geht enge Treppen hinauf zu den Lehrhäusern, in denen niemals, keine Minute im Jahr, Studium und Gebet unterbrochen werden. Nun spielen die Söhne zum Tanz auf ... Es sind die Lehrhäuser der Chassidim aus Polen und Rußland, aus Ungarn und Litauen ... Viele Tausende hier sind Überlebende der Vernichtungslager. Das Leben blieb ihnen auf wunderbare Weise trotz Vernichtung und Tod. Sie tanzen in Dankbarkeit über die Tora, die das Leben ist. Sie wissen keine Antwort auf die Vernichtung als diese: Kindern und Enkeln das Judensein beizubringen. Sie wissen: es ist schwer, Jude zu sein — nicht weil das Gesetz ein Joch ist, sondern weil die Völker noch immer mit Blindheit geschlagen sind und nicht das Königtum Gottes annehmen ... Der Gästestrom zieht weiter durch Mea Schearim zu den neuen großen Synagogen. Hier brennen alle Nächte die Neonleuchten. Man muß sich die Augen nicht mehr blind lesen beim Studium wie einst. Technik ist kein Widerspruch zur Tradition der Tora ... Abseits saß ein alter Mann, meditierte ganz in seinen Gebetsschal gehüllt. Jetzt steht er auf. Die Frauen flüstern andächtig: der Rebbe tanzt! Man stützt ihn beim Gehen. Ganz allein steht er im Kreis. In seinen Armen liegt wie ein müdes Kind eine kleine Tora-Rolle. Hat er sie allein gerettet, als man ihm Frau und Kinder weggerissen? Hat er nur sie allein aus Auschwitz mitgenommen, sie, den Baum des Lebens? Die Chassidim wiegen sich wie Bäume im Wind des Lebens, summen wie Blätter im Wind. In ihrem Kreis tanzt nur der Rebbe, umtanzt mit der kleinen Tora-Rolle den Kreisraum in winzigen Laufschritten. Tanzt er Israels Wege?"

2.5 Chanukka — Einweihungsfest

Wenn es stimmt, daß sich der Charakter eines Volkes auch darin zeigt, wie es seine Feste begeht, wie es zu feiern versteht, dann ist Chanukka für das jüdische Volk ein höchst aufschlußreiches Fest. Gefeiert wird ein denkwürdiges Ereignis aus der Geschichte: die Errettung der jüdischen Gemeinschaft aus großer Gefahr durch den Sieg der Makkabäer über den Syrerkönig Antiochos IV. Epiphanes im zweiten Jahrhundert v. u. Z. Gefeiert wird aber nicht eigentlich der militärische Sieg — was naheläge und was andere Völker aus ähnlichen Anlässen bis auf den heutigen Tag tun — nein, gefeiert wird von den Juden die Reinigung ihres Tempels von fremdem Götzen-Kult und seine neue Einweihung zur Wiederaufnahme des Tempeldienstes. Der Syrerkönig hatte den Tempel dem griechischen Gott Zeus geweiht und den Juden jede religiöse Betätigung untersagt. Im jüdischen Haus wie in der Synagoge erinnert lediglich ein Licht an den Sieg, den die Juden über eine gewaltige Übermacht errangen. Das Licht wird acht Tage lang jeden Tag um eines vermehrt, bis der Chanukka-Leuchter achtflammig erstrahlt. Dieser Brauch ist eine Erinnerung an das Lichtwunder, das sich bei der Reinigung des Tempels zugetragen haben soll. Man fand damals im Tempel für das Ewige Licht nur noch ein unversehrtes und mit dem Siegel des Hohen Priesters versehenes Fläschchen mit Öl, das höchstens noch für eine Nacht ausgereicht hätte, um die Flamme zu speisen. Aber — o Wunder — das Öl langte dann für ganze acht Tage. Deshalb wird Chanukka auch Hag Haurim genannt, d.h. das Fest der Lichter. Es symbolisiert den Sieg des Guten über das Böse, für die Wahrheit.

Kultur- und religionsgeschichtlich gesehen handelte es sich bei der militärischen Auseinandersetzung zwischen den syrischen Seleukiden und den Juden, genauer zwischen den

Chassidim („Frommen") innerhalb der jüdischen Gemeinschaft und dem ins Land eingefallenen Gegner, um einen Kulturkampf: um den Kampf des traditionellen Tora-Judentums gegen den Hellenismus, der im Zuge des makedonischen König Alexander d. Gr. (gest. 323 v. u. Z.) nach Asien gelangt war und sich als geistig-kulturelle Bewegung ausbreitete bzw. mit Waffengewalt durchgesetzt wurde. Ihr militärischer Sieg unter Judas Makkabi sicherte den Juden die geistig-religiöse Selbständigkeit. Aus einer Sabbatansprache von Rabbiner Günter Friedlaender (Miami/USA):

„Die tiefere Bedeutung des Chanukkafestes hat universalen Charakter, der weit über den jüdischen Bereich hinausgeht. Die Weltgeschichte ist voller Beispiele dafür, wie kleine Völker, von militärischer Obermacht beherrscht, ihre kulturelle und geistige Identität verlieren und die des Siegers annehmen. In einer Zeit wie der unseren, in der es Brauch geworden ist, bei jeder Gelegenheit den Schutz der Menschenrechte anzurufen, wird allzu oft vergessen, daß eines der Grundrechte jedes Menschen ist, er selbst zu sein. Die assyrischen Eroberer hatten im Orient eine besondere Spielart der griechischen Kultur eingeführt, den Hellenismus. Sie wollten Israels Land nicht nur als Vorposten gegen Ägypten besetzen, sie wollten die Juden hellenisieren und dadurch gefügiger machen. Der Vater der Makkabäer, Matitjahu, und seine Kinder protestierten gegen diese Zumutung. Ihre Rebellion hatte keine politischen Hintergründe, aber politisch bedeutungsvolle Folgen. Sie öffnete durch ein Bündnis Roms mit den Makkabäern den Weg zur Herrschaft Roms im Orient. Die Makkabäer wollten nichts anderes, als das Recht der Juden auf ihr Anders-Sein zu erhalten."

Gewiß hat es anfänglich den Wunsch gegeben, den Makkabäeraufstand und seinen Erfolg als Gedenktag eines überraschenden militärischen Sieges zu feiern. Was ja nur menschlich ist. Aber die Rabbinen waren mit dieser Deutung nicht einverstanden und ordneten an, daß am Sabbat, der auf einen Chanukka-Tag fällt, eine Vision des Propheten Zacharia gelesen wird, in der es heißt: „Der Engel sagte zu mir: Was siehst du? — und ich sagte: Ich sehe einen Leuchter aus Gold mit sieben Lichtern ..., und zwei Olivenbäume, einen zur Rechten und den anderen zur Linken. Und der Engel sagte zu mir:

Verstehst du, was du siehst? Ich antwortete: Nein, mein Herr. Da sagte er zu mir: Dies ist Gottes Wort: Nicht durch Macht und nicht durch Gewalt, sondern nur durch meinen Geist, spricht der Herr der Heerscharen."

Dieser Vision verdankt der Staat Israel sein Wappen, den Leuchter des Tempels (Menora), umgeben von den Blättern des Olivenbaumes: Zeichen, daß Israel nicht durch Gewalt, sondern gegen alle Gewalt, durch seinen Geist, die Jahrtausende überlebte. Die Menora des Stiftzeltes war siebenarmig und aus getriebenem Gold gefertigt. Im Tempel Salomons, also im ersten Tempel, standen zehn solche Leuchter, im zweiten Tempel dagegen nur mehr ein Leuchter, den Antiochos IV. Epiphanes raubte. Judas Makkabi ersetzte ihn nach seinem Sieg über die Syrer. Nach der Eroberung Jerusalems durch Titus und der Zerstörung des Tempels wurde diese Menora nach Rom verbracht, von dort soll sie von den Vandalen nach Karthago verschleppt worden und schließlich nach Konstantinopel gebracht worden sein. Daß diese Menora in Rom war, ist erwiesen: Auf dem Titusbogen ist sie als Abbild zu sehen.

Es galt das Gesetz, daß kein biblischer Kultgegenstand außerhalb des Tempels dem Vorbild in den Maßen und im Material gleich nachgebildet werden durfte. Der Hintergedanke dabei war: Jerusalem ist und sollte bleiben der einzige Kultort des jüdischen Volkes. Trotz des Verbots wurden seit jeher siebenarmige Leuchter nachgebildet.

Der Chanukka-Leuchter hat acht Arme und gewöhnlich auch noch Platz für ein neuntes Licht für den „Schammasch" (hebr. „Diener"). Es wird etwas höher angebracht als die acht Arme und dazu benutzt, die anderen Lichter zu entzünden. Hier folgte man einer Anordnung der Rabbinen, die erklärten: Jeder, der seinen Mitmenschen einen Dienst erweist, erhebt sich dadurch über sie. So darf ein Chanukka-Licht nicht zum Anzünden eines anderen Chanukka-Lichtes verwendet werden.

An der Gestaltung der Chanukka-Leuchter haben sich immer wieder Künstler und Kunsthandwerker erprobt. Nahezu jedes jüdische Haus hat mehrere solche Leuchter, und in Museumssammlungen kann man auf besonders kostbare Exemplare stoßen. Der älteste erhaltene Chanukka-Leuchter stammt aus dem 13. Jahrhundert, aus Lyon.

Um das Chanukka-Fest ranken sich bis heute verschiedene Bräuche. Als es noch Juden in Ostfriesland gab, kannte man dort den Brauch, über Lichter zu springen, ähnlich wie in manchen Gegenden das Springen durch Oster- und Erntefeuer verbreitet ist. Anderswo war es üblich, singend durch die Wohnung zu ziehen. Das „Maos zur" („Schirm und Schutz in tiefer Not") ist zur Chanukka-Hymne geworden. Jeden Abend nach dem Anzünden eines Lichtes auf dem Leuchter wird es gesungen. Das Lied hat sich von Deutschland aus in andere Länder verbreitet, es hat eine volkstümliche Melodie und schildert in mehreren Strophen das immer wiederkehrende Wunder des Überlebens der Juden.

Chanukka ist auch ein Kinderfest. So wie die Kinder schon früh von ihren Eltern das Beten lernen sollen, werden sie an Chanukka angehalten, die Lichter der Menora anzuzünden. Es ist Brauch geworden, die Kinder zu Chanukka zu beschenken, vergleichbar den Geschenken, die nicht-jüdische Kinder zu Weihnachten bekommen. Die beiden Feste fallen ja zeitlich ziemlich zusammen.

Das Chanukka-Fest hat auch Eingang gefunden in den jüdischen Märchenschatz; dafür sorgten mittelalterliche Wanderprediger, die mit Hilfe der Märchen die Heilige Schrift auslegten und den Gläubigen Lebensweisheiten zu vermitteln suchten. Im Hebräischen gibt es kein besonderes Wort für „Märchen". Das dafür verwendete Wort „Agadah" bedeutet „Erzählung". Dahinter steckt eine tiefe Weisheit: Was Juden erzählen, soll nicht unglaublich-phantastisch sein, sondern man soll daran glauben können wie an eine tatsächliche Erzählung. Nicht von ungefähr gibt es im Hebräischen für den Gattungsbegriff „Märchen" auch das Wort „Massija", was so viel bedeutet wie „eine kleine Tatsache".

Spiele, auch Rätselspiele, sind beliebt an Chanukka, wobei das Trendel (ein Würfel, der durch eine Spindel geht und sich kreiselartig drehen läßt) das übliche Würfelspiel ersetzt, das Juden verboten war. Verboten war auch das Kartenspiel, an seine Stelle trat als Chanukka-Spiel die aus Galizien stammende „Kwittlech". Dabei zeichnet man auf Karton die hebräischen Buchstaben, die jeweils einen bestimmten Zahlenwert darstellen; gespielt wurde nach bestimmten Regeln, die so gestaltet sind, daß das Spiel sich auch durch eine historische und theologische Prägung auszeichnet.

Maos zur

Du, mein Schild, Hort meiner Macht.
Es ist schön, Dir Dank zu singen.
Erbaue mein Heiligtum.
Wir werden Dir dort danken.
Wenn Du den Feind schlägst.
Dann wird im Psalmenlied
der Altar von neuem geweiht.

Die Griechen zogen gegen mich
in der Hasmonäerzeit.
Meine Türme und Mauern brachen,
das heilige Öl wurde entweiht.
Nur ein Krüglein blieb übrig
— Acht Tage sind zum Lied
und Jubel geweiht.

Was die Chanukka-Kerzen erzählen

Als am 8. Tag des Chanukka-Festes, das da auch Lichterfest genannt wird, die 8. Kerze entzündet wurde, gingen die Eltern aus dem Zimmer, und der kleine Sohn blieb mitten im hell erleuchteten Zimmer allein. Er beobachtete den Schein der Kerzen, sah, wie die Flammen sich erhoben oder senkten. Manchmal neigte sich eine Kerze zur anderen, als ob sie ihr etwas ins Ohr zuflüstern wollte. Die Kerzen nahmen in der Phantasie des kleinen Kindes Gestalt an, und es glaubte ganz deutlich zu hören, was sie einander erzählten.

Die erste Kerze sagte: „Es gibt nur einen Gott auf dieser Welt."

Die zweite Kerze sagte: „Dieser eine Gott gab dem jüdischen Volk am Sinai zwei Bundestafeln."

Die dritte Kerze sagte: „Drei Erzväter hat das jüdische Volk: Abraham, Isaak und Jacob."

Die vierte Kerze sagte: „Vier ist die Zahl der Erzmütter: Sarah, Rebecca, Rahel und Lea."

Die fünfte Kerze sagte: „Wenn wir schon von Zahlen sprechen — die Zahl der Bücher Moses' ist fünf."

Da sagte die sechste Kerze: „Die schriftliche Lehre beruht auf den fünf Büchern Moses', aber die mündliche Lehre auf den sechs Büchern der Mischna."

Die siebte Kerze sagte: „Der siebente Tag der Woche ist der Ruhetag."

Die achte Kerze sagte: „Nach dem achten Tage seiner Geburt wird das jüdische Knäblein beschnitten und so feierlich ins jüdische Volk aufgenommen, das fortwährend seine Existenz durch Blutvergießen erkaufen muß."

2.6 *Purim — Fest der Lose*

„Den Juden wurde Licht und Freude, Fröhlichkeit und Herrlichkeit zuteil. In jeder einzelnen Provinz und in jeder einzelnen Stadt herrschte bei den Juden Freude und Wonne, Festmahl und Feiertag."

So heißt es am Schluß des 8. Kapitels der Megillah, des Buches Esther, das am Purimfest in den Synagogen gelesen wird zur Erinnerung an die Errettung der Juden aus persischer Gefahr. Es gilt als religiöse Pflicht, auch für Frauen und Kinder, den ganzen Text aufmerksam anzuhören. Der Name Purim kommt von „Pur" = das „Los" — und damit sind wir schon mitten in der Purimgeschichte, wie sie im Buch Esther aufgeschrieben ist.

Der persische König Ahasverus, besser bekannt unter dem griechischen Namen Xerxes, wurde von seinem obersten Ratgeber Haman gedrängt, alle Juden des Landes auszurotten. Haman war zornig darüber, daß der jüdische Beamte Mordechai sich seiner Anordnung nicht fügte, wonach sich alle Bediensteten am Königshofe vor ihm verbeugen mußten. Für die Ausrottung der Juden loste Haman — nach der Sitte der Zeit — einen Tag aus, und das Los fiel auf den 13. Adar. Aber Esther, die Nichte des Mordechai und zweite Frau des Königs Ahasverus, erfuhr durch ihren Onkel von Hamans Plan, und bei einem Essen, zu dem sie den König und auch den Haman einlud, unterrichtete sie Ahasverus von Hamans geplanten Anschlag auf die Juden. Ihre jüdische Abstammung und ihre jüdische Verwandtschaft mit Mordechai war geheim geblieben. Es gelang Königin Esther, ihren Gatten umzustimmen; in seinem Zorn über Hamans Plan ließ der König den Haman aufhängen und bestimmte den Mordechai, der ihm einmal das Leben gerettet hatte, zum Nachfolger des Bösewichts. Esther und Mordechai schrieben diese Geschichte auf und bestimmten den 14. Adar als „Losfest" für alle späteren Geschlechter.

Zunächst ein weltliches Fest, hat Purim verhältnismäßig spät Eingang in die Synagoge gefunden. Im Mittelpunkt der Liturgie steht die Lesung der Megillah Esther, der Esther-Rolle. Die biblischen Bücher Ruth, Hohelied, Klagelied, Prediger und Esther werden im Hebräischen als „Rollen" bezeichnet. Purim ist ein jüdisches Befreiungsfest und darum ein Freudenfest, in das vor allem auch aktiv die Kinder einbezogen sind. Zahlreiche Lieder und Gebräuche künden davon. So oft z. B. beim Vorlesen der Esther-Geschichte der Name Haman vorkommt, machen die Kinder einen gewaltigen Lärm. Sie drehen den „Gregger", die Ratsche, und klopfen mit Stöcken auf den Boden. Auf diese Weise soll der Name Haman immer wieder ausgelöscht werden, Lieder wie „Chag Purim", „Lichwod Purim" und „Ani Purim" lernen die Kinder bereits im Kindergarten. Und begeistert singen sie:

Purimfest! Purimfest!
Großes Fest für alle Juden! Masken und Rasseln,
Lieder und Tänze! Laßt uns lärmen, rasch, rasch!
Rasch mit den Rasseln!

Die Gestaltung des Purim-Festes ist zu verschiedenen Zeiten und an verschiedenen Orten recht unterschiedlich gewesen. In der Diaspora entstanden, hat das Fest manche Züge der jeweiligen Umgebung angenommen. So sind seit dem Mittelalter — unter italienischem Einfluß — karnevalähn-

liche Traditionen entstanden. Aus dem 17. Jahrhundert stammen das Maskentragen wie auch die Purimspieler und Purim-Musikanten. Purim ist der einzige Tag im jüdischen Jahr, an dem die Knaben einmal Mädchenkleider anziehen dürfen, sich verkleiden dürfen. Die Bibel (Deuteronomium 25,2) verbietet ansonsten, daß Männer die Kleider von Frauen anziehen. Die Ausnahme an Purim ist zugelassen, weil sie der Freude dient.

Die Purimspieler zogen von Haus zu Haus und führten kleine Stücke biblischen Inhalts auf, beispielsweise die Geschichte von David und Goliath, Jakob und Esau, die Opferung Isaaks. Die Purimspieler bilden die frühen Formen des Jüdischen Theaters, das sich als Berufstheater erst sehr spät herausbildete, im 19. Jahrhundert in Rumänien durch Abraham Goldfaden.

Auch die scherzhaften Nachahmungen von Gebeten und Talmud-Traktaten signalisieren die Fröhlichkeit und Ausgelassenheit dieses Festes, bei dem auch dem Wein kräftig zugesprochen wird. Darüber hat sich ein Purim-Talmud-Traktat ergeben, worin in der Form der Talmud-Diskussion gelehrt wird, daß man zu Purim kein Wasser trinken dürfe.

„Es lehren unsere Meister:
Warum wurde Moshe, unser Lehrer, würdig befunden,
die Thora durch ihn zu offenbaren?
Weil er vierzig Tage und vierzig Nächte auf dem
Berge Sinai stand, ohne zu trinken.
Es lehren unsere Weisen:
Wenn es zu Purim regnet, so verschließe ein jeglicher
sein Haus und verhänge seine Fenster,
damit er das Wasser nicht sehe!
Rabbi Trinker sagt: ‚Fließt ein Bach durch die Stadt,
so ist es verboten, sich ihm an Purim zu nähern.'
Da wendet ein Schüler ein: ‚Aber Rabbi Neuwein, Sohn des Rabbi Weingarten,
sagte doch, es sei erlaubt, zu Purim am Gestade des Meeres spazierenzugehen.'
Rabbi Trinker erwidert: ‚Meeresstrand ist ganz etwas anderes,
da das Seewasser gesalzen ist und daher keine Gefahr besteht,
daß man es trinken würde.'"

Zu Purim-Bräuchen gehört, daß man sich gegenseitig beschenkt, besonders aber, daß man den Armen Geschenke bringt. Jeder soll mindestens zwei Bedürftigen helfen. Der sozial Schwächere darf gerade an einem so freudigen Tag nicht vergessen werden, schreibt die Megillah vor. Ein besonders schöner Brauch ist, daß man sich verpflichtet fühlt, an Purim wenigstens einer Person zwei eßfertige Speisen zukommen zu lassen. Das sind die Schachmones. Obenan auf der Speisekarte von Purim stehen die Hamantaschen, dreieckige Teigtaschen, die mit Mohn gefüllt sind.

Lichwod Purim
Purim zu Ehren! Und zur Freude kamen wir hierher!
Mit Masken auf den Gesichtern, daß niemand uns erkennt!
Purim zu Ehren! Und zur Freude!
Schöne Geschenke für meine Brüder habe ich euch mitgebracht!
Die Ohren von Haman schmecken ausgezeichnet!
Sagt man — und wünscht sich ein fröhliches Fest!

In Tel Aviv, der ersten rein jüdischen Stadt der Neuzeit, sind seit den 20er Jahren die alten Purim-Bräuche neu belebt worden und zu einem Volksfest geworden. Aus einem Augenzeugenbericht:

„Nur wer Purim in Tel Aviv erlebt hat, weiß, was Purimfreude ist. Überall flattern Fahnen, Wimpel und Girlanden. Privathäuser und öffentliche Gebäude sind reich geschmückt. Die Haupthäuser sind überspannt von hohen Bogen. Sie glänzen in der Sonne von Gold und Silber, und abends wetteifern ihre Lichter mit dem Mond und den Sternen. Die Balkons und die Dächer sind dicht besetzt mit Menschen, die vor allem schauen wollen. Die Älteren tanzen in den schön dekorierten Sälen der Stadt. An den Wänden sieht man hier und da Darstellungen der Purimgeschichte von bekannten Malern. Die Menschen eilen von einem Saal zum anderen, begierig, alles zu sehen, was wichtig und interessant ist.

Die Jugend bevorzugt die Straßen, da gibt es mehr Platz. Zu Tausenden finden junge Burschen und Mädchen sich zusammen, aus allen Himmelsrichtungen. Morgens, mittags und abends promenieren sie, singen sie, hüpfen sie, springen sie. Ketten bildend, Arm in Arm, ziehen sie hin und her. Manchmal hält eine Gruppe plötzlich an, bildet einen Kreis, und dann tanzt man Horrah, den israelischen Nationaltanz."

Die temperamentvollen Umzüge heißen in Israel Ad-lojada: bis man nicht mehr weiß, was man tut. Wobei die Überlieferung meint, man müsse so viel trinken, daß man zwischen „Gesegnet sei Mordechai" und „Verflucht sei Haman" nicht mehr unterscheiden könne.

Einer der Höhepunkte des Purimfestes ist die Wahl der Purim-Königin, der Königin Esther. Manchmal fällt die Wahl auf ein junges, hübsches Mädchen, manchmal wird aber auch eine Frau gewählt, die sich besondere Verdienste in und um die Gemeinde erworben hat.

Nach der Bedeutung von Purim für unsere Zeit gefragt, werden Juden nicht zögern zu antworten, daß die Bedrohungen des jüdischen Volkes zur Purim-Zeit, ca. 450 Jahre v. u. Z., und seine glückliche Errettung symbolisch für die unzähligen Bedrohungen und Verfolgungen des jüdischen Volkes stehen. Juden begehen Purim im Wissen, daß es zu jeder Zeit einen „Haman" geben kann, aber daß es noch keinem „Haman" gelungen ist, das Volk Israel zu vernichten. Die Freude darüber geht einher mit der Zuversicht, daß die schützende Hand Gottes über dem jüdischen Volk waltet.

Ani Purim
Ich bin Purim! Ich bin Purim! Froh und heiter
komme ich einmal im Jahr zu euch als Gast!
Frohe Purim! Frohe Purim! Schlaget die Trommel!
Ach, wenn doch nur jeden Monat Purim wäre!
Herr Purim! Herr Purim! Sagt mir doch, weshalb
ist nicht zweimal in der Woche Purim?

Aus dem Buch Esther
Die Juden stiften ein Fest zum Gedächtnis ihrer Rettung

20. Und Mardochai schrieb diese Geschichte auf, und sandte Briefe zu allen Juden, die in allen Ländern des Königs Ahasveros waren, nahen und fernen,

21. Daß sie annähmen und hielten den vierzehnten und fünfzehnten Tag des Monats Adar jährlich,

22. Nach den Tagen, darinnen die Juden zu Ruhe kommen waren von ihren Feinden, und nach dem Monat, darinnen ihre Schmerzen in Freude und ihr Leid in gute Tage verkehret war; daß sie dieselben halten sollten für Tage des Wohllebens und der Freude, und einer dem anderen Geschenke schicken, und den Armen mitteilen.

23. Und die Juden nahmen's an, das sie angefangen hatten zu tun, und das Mardochai zu ihnen schrieb:

24. Wie Haman, der Sohn Hammedathas, der Agagiter, aller Juden Feind, gedacht hatte, alle Juden umzubringen, und das Pur, das ist das Los, werfen lassen, sie zu schrecken und umzubringen;

25. Und wie Esther zum Könige gegangen war, und derselbe durch Briefe geboten hatte, daß seine bösen Anschläge, die er wider den Juden gedacht, auf seinen Kopf gekehret würden; und wie man ihn und seine Söhne an den Baum gehänget hatte.

26. Daher sie diese Tage Purim nannten und nach dem Namen des Loses. Und nach allen Worten dieses Briefes, und dem, das sie selbst gesehen hatten, und das an sie gelanget war,

27. Richteten die Juden es auf und nahmen's auf sich und auf ihren Samen und auf alle, die sich zu ihnen taten, daß sie nicht unterlassen wollten, zu halten diese zween Tage jährlich, wie die beschrieben und bestimmt waren;

28. Daß diese Tage nicht zu vergessen, sondern zu halten seien bei Kindeskindern, bei allen Geschlechtern, in allen Ländern und Städten. Es sind die Tage Purim, welche nicht sollen übergangen werden unter den Juden, und ihr Gedächtnis nicht umkommen bei ihrem Samen.

29. Und die Königin Esther, die Tochter Abihails, und Mardochai, der Jude, schrieben mit ganzem Ernst, um es zu bestätigen, diesen zweiten Brief von Purim;

30. Und er sandte die Briefe zu allen Juden in den hundert und sieben und zwanzig Ländern des Königreichs des Ahasveros, mit freundlichen und treuen Worten:

31. Daß sie annähmen die Tage Purim auf ihre bestimmte Zeit, wie Mardochai, der Jude, über sie bestätiget hatte, und die Königin Esther; und wie sie für sich selbst und für ihren Samen bestätiget hatten die Geschichte der Fasten und ihres Schreiens.

32. Und Esther befahl, die Geschichte dieser Purim zu bestätigen. Und es ward in ein Buch geschrieben.

2.7 Pessach — Auszug aus Ägypten und Volkwerdung Israels

Im Reigen der jüdischen Feste folgt jetzt Pessach oder das Passachfest. Kein anderes Fest wird von den Juden immer wieder so herbeigesehnt wie das Pessachfest: Es ist das Geburtsfest des Volkes Israel und wird im Monat Nissan gefeiert, der zum ersten Monat im jüdischen Kalender wurde. Gefeiert wird der Exodus, der Auszug aus der Sklaverei Ägyptens, die Volkwerdung Israels, der Eintritt des jüdischen Volkes in die Weltgeschichte. Aus Sklaven wurden durch Jahwes starke Hand freie Menschen. So wie es in der Haggada, der uralten Freiheitsurkunde, aus der am ersten Abend des Festes („Seder") gelesen wird, festgehalten ist:

„Der Ewige führte uns aus Ägypten heraus mit starker Hand, mit ausgestrecktem Arme und unter furchtbaren Erscheinungen, durch Zeichen und Wunder ...

Er hat uns aus der Dienstbarkeit zur Unabhängigkeit, aus dem Kummer zur Freude, aus der Trauer zu Festtagen, aus düsterer Finsternis zu hellem Lichte und aus der Knechtschaft zur Freiheit geführt."

In allen Zeitaltern, heißt es in der Haggada, ist jeder Jude verpflichtet, sich zu betrachten, als ob er selbst aus Ägypten gegangen wäre; denn so sagt die Schrift:

„Du sollst deinem Sohne an jenem Tage erzählen und sagen: Um dessentwillen, was der Ewige mir getan, als ich aus Ägypten ging."

Dahinter steht die feste Überzeugung, daß Gott nicht nur die Väter erlöst hat, sondern auch die heute Lebenden; denn so sagt die Schrift:

„Und uns hat er von da weggeführt, um uns hierher zu bringen und uns das Land zu geben, daß er unseren Eltern zugeschrieben hat."

Pessach vergegenwärtigt das wichtigste Ereignis innerhalb der jüdischen Geschichte. Im 2. Buch Mose, 12,29 wird das entscheidende Ereignis beschrieben: „Es war die Mitternacht — gemeint ist die Nacht zum 15. des Frühlingsmonats Nissan — da schlug der Ewige alle Erstgeburt im Lande Ägyptens, auch den Erstgeborenen des Pharao, der auf dem Throne saß... Da stand Pharao nachts auf..., ließ Mose und Aaron rufen und sprach: Auf, zieht hinweg aus meinem Volk, ihr und die Kinder Israel..."

Der Name Pessach bedeutet „Überschreitung", denn — so sagt die Schrift — „der Ewige ist hinweggeschritten über die Häuser der Kinder Israels, als er die Erstgeborenen der Ägypter schlug." Den Höhepunkt des acht Tage dauernden Festes bilden die beiden ersten Abende, Seder genannt, d.h. „Ordnung" und meint die festgelegte Ordnung, die Reihenfolge für die Gestaltung des Festabends.

Der Seder-Abend knüpft an den Zeitpunkt vor dem Auszug aus Ägypten an. Vier Tage vor dem 14. des Monats Nissan sollte jede Familie ein Pessachlamm, das sogenannte Überschreitungslamm, vorbereiten, das am Nachmittag des 14. Nissan geschlachtet und dessen Blut an die Schwellen und Türpfosten gestrichen wurde, damit — wenn der Todesengel über die Häuser schreitet — die jüdischen Häuser an diesem Zeichen erkannt würden. Eile war geboten. So sollte das Fleisch des Lammes gebraten gegessen werden, mit ungesäuerten Broten und bitteren Kräutern. Eilig sollte gespeist werden, die Lenden gegürtet, die Schuhe an den Füßen, den Wanderstab in der Hand.

Der Seder-Abend ist ein Familienfest, deshalb fällt an diesem Abend auch am Schluß die Segnung des Weines weg. Denn an diesem Tag, an diesem mit Zeichen und Symbolen überreichen Fest der Volkwerdung Israels, sollte jeder Jude ein Zuhause haben, wo ein gedeckter Tisch auf ihn wartet. Gäste sind in den Familien an diesem Abend besonders willkommen. An jedem Seder-Tisch wird ein Platz für diejenigen freigehalten, die — aus welchen Gründen auch immer — nicht nach Hause gehen konnten.

Stellen wir uns jetzt vor, wir hätten Gelegenheit, einen Seder-Abend in einer jüdischen Familie zu verleben. Das Wohnzimmer ist festlich beleuchtet, der Tisch gedeckt, doch anders als sonst am Sabbat. Über den Tisch ist ein großes linnenes Tafeltuch gebreitet, in der Mitte steht eine zinnene Platte oder Schüssel. Darauf liegen drei dicke ungesäuerte Brote, Mazzot genannt, jedes mit einer Serviette verdeckt. Auf der so erhöhten Sederplatte gewahrt man sechs kleine Gefäße mit symbolischen Speisen: ein hartgesottenes Ei, Petersilie, Salzwasser, Meerrettich, einen angebratenen Knochen und eine braune Mischung aus geriebenem Apfel, Zimt und Mandeln, Charoßet genannt. Vor jedem Platz stehen ein Kelchglas und ein kleines Buch, die schon erwähnte Haggada. Vor dem Platz des Vaters, der zuoberst an der Tafel sitzt, steht noch ein zweiter Becher Wein: Er ist für den Propheten Elia bestimmt, der im Geiste der Feier beiwohnt, die sich nach althergebrachter Ordnung vollzieht, beginnend mit dem Kiddusch, dem Segensspruch:

„Heilige Pessachfeierklänge künden uns von alter Zeit,
Da uns Gott aus Schmach befreit,
Aus der Knechtschaft düstren Enge.
Und so jauchzen freudentglommen
dankbar jubelnd wir dir zu
Frühlingsfest der Freiheit du
Seder-Abend sei willkommen ..."

Seder-Abend sei willkommen ... Nach dem Kiddusch erheben alle das Glas und trinken einen ersten Schluck, er ist — sinnbildlich — der erste Schluck der Freiheit. Dann beginnt der Hausherr einige der in der Sederschüssel liegenden Speisen zu verteilen. Danach wird die Sederschüssel hochgehoben, und indem alle sie stützen, sprechen sie:

„Dies ist das Brot des Elends, das unsere Vorfahren im Lande Mizrajim (Ägypten) gegessen haben." Die Erzählung vom Auszug wird nicht in hebräischer, sondern in aramäischer Sprache gelesen, der Umgangssprache, welche die Juden aus Babylonien mitgebracht hatten. Die sprichwörtliche Gastfreundschaft jüdischer Familien erkennt man auch am

Ritual des Seder-Abends, wenn bei erhobener Sederschüssel die Tischgemeinschaft die folgende Einladung ausspricht:

„Wer hungrig ist, komme und esse mit uns; wer bedürftig ist, komme und feiere das Pessachfest mit uns."

Ein bewegender Augenblick der häuslichen Seder-Feier ist der Augenblick, da das jüngste Kind am Tisch auf Hebräisch an den Vater Fragen richtet, die mit den Worten beginnen: „Ma nischtanna halajla hase mikol hallelot?" („Was zeichnet diese Nacht vor allen anderen Nächten aus ?") „In allen anderen Nächten können wir Gesäuertes und Ungesäuertes essen, in dieser Nacht nur Ungesäuertes. In allen anderen Nächten können wir allerlei Kräuter essen, in dieser Nacht nur bittere Kräuter. In allen anderen Nächten müssen wir kein einziges Mal eintunken, in dieser Nacht zweimal. In allen anderen Nächten können wir frei sitzend oder angelehnt essen, in dieser Nacht sitzen wir alle angelehnt."

Auf die Fragen des Kindes antwortet der Vater wehmütig heiter und liest aus der Haggada von der erschütternden Leidenszeit Israels und seiner Befreiung und erklärt die symbolischen Gerichte:

Die Mazzot sind die ungesäuerten Brote des Elends, Erinnerung an den Aufbruch aus Ägypten, der so eilends geschah, daß die Frauen den noch ungesäuerten Brotteig in Tüchern mitnahmen, um ihn in der Sonne zu backen.

Der geröstete Knochen erinnert an das Pessachlamm, das die Juden auf Geheiß Jahwes am 14. Nissan schlachten mußten, als der Todesengel beim großen Sterben der Erstgeborenen in den Häusern der Ägypter die Wohnungen der Israeliten überschritt: daher Pessach oder Passach = Überschreitungsfest.

Die bitteren Kräuter sollen die Lebenden an die Not der Ahnen gemahnen, und das Charoßet versinnbildlicht durch die Farbe den Lehm der schweren Fron der Israeliten. Das Ei schließlich ist Zeichen der Fruchtbarkeit, aber in seiner Zerbrechlichkeit auch Zeichen der Wandelbarkeit des menschlichen Geschicks.

Mit Segenssprüchen, frohen Dank-und Halleluja-Liedern wird das Fest fortgesetzt. Der Hausvater reicht jedem ein Stück Mazza, darauf beginnt das Festmahl, das der Bedeutung des Tages angemessen ist. Zum Nachtisch gibt es wieder ein

Stück Mazza, das zu Beginn der Feier, nach Eintauchen in Salzwasser und Bitterkräuter, beiseite gelegt worden war.

„Also tat Hillel zur Zeit, da der Tempel des Heiligtums noch stand: Er umwickelte ungesäuertes Brot mit bitteren Kräutern und aß beides zusammen, um zu erfüllen, was geschrieben steht: Mit ungesäuertem Brote und bitteren Kräutern soll man es essen."

Dem Tischgebet folgt die Fortsetzung aus der Haggada, begleitet von Danksprüchen und Psalmen.

„Danket dem Ewigen, denn er ist freundlich,
ewig währet seine Güte!
So spreche Israel:
ewig währet seine Güte!
So spreche Aharons Haus:
ewig währet seine Güte!
So sprechen,
die den Ewigen verehren:
ewig währet seine Güte!"

Während der Feier des Seder haben die Juden in der fast 2000 Jahre dauernden Diaspora Jahr um Jahr ihrer Hoffnung auf Rückkehr nach Erez Israel Ausdruck gegeben mit den Worten: „Dieses Jahr hier, nächstes Jahr in Israel. Dieses Jahr Knechte, nächstes Jahr freie Menschen."

Zum Ende der Mahlzeit wird die Tür weit geöffnet — an diesem Tag der Erinnerung an den Auszug aus Ägypten hat niemand Angst vor Dieben und Einbrechern und Feinden der Juden. Alle wissen die starke Hand Gottes über sich. Zum letzten Mal wird das Glas erhoben. Man wünscht einander: „Leschana Haba be ' Jeruscholajim" — Nächstes Jahr in Jerusalem!"

Die Befreiung aus ägyptischer Knechtschaft durch das unmittelbare Eingreifen Gottes in die Geschichte ist nach jüdischem Verständnis historische Realität.

Pessach, neben Schawuot und Sukkot eines der drei Wallfahrtsfeste („Dreimal im Jahr sollst du mir ein Wallfahrtsfest feiern", Ex 23,14) war ursprünglich ein landwirtschaftliches Fest im Frühjahr, im Ährenmonat, in dem das Getreide heranreifte. Die Pessachfeier bekam einen neuen Inhalt, als sie mit dem das Volk Israel konstituierenden Ereignis des Exodus verbunden wurde. In der Zeit der beiden Tempel wurde das

Pessachlamm in den Opfergottesdienst integriert, aus dem sich dann, nach der Zerstörung des Tempels, in der Diaspora das geschilderte festliche Mahl im Familienkreis entwickelte. Auf die Feier des Pessachmahls, bei dem das Opferlamm verzehrt wurde, nimmt das Neue Testament der Christen Bezug, wenn es schildert, wie Jesus sich mit seinen Jüngern zum letzten Mal zu einem Mahl zusammensetzt: zum Paschamahl.

Die Einsetzung des christlichen Abendmahls hat hier seinen Ursprung; das Lamm geht als Symbol des sich für die Erlösung der Menschen opfernden Gottessohns in die neue Religionsgemeinschaft ein. Die substantielle Einverleibung der Gottheit durch Brot und Wein ist die christliche Umdeutung von Pessachspeise und Trank.

2.8 Lag B'Omer — das Omerzählen

„Gelobt seist du Ewiger, unser Gott, König der Welt,
der du uns heiligst durch deine Gebote und uns befohlen hast, Omer zu zählen."

Zwischen Pessach und Schawuot, dem Wochenfest, wird Omer („Garben") gezählt; der Brauch gründet im landwirtschaftlichen Charakter des jüdischen Jahres. Pessach feierte ja nicht nur die Befreiung der Juden aus der Knechtschaft des Pharao und die Volkwerdung Israels, sondern war auch das Dankfest für die Erstlingsfrüchte eines Jahres. Noch bevor das erste Getreide zu Brot verarbeitet wurde, mußten Getreide-Garben in den Tempel gebracht werden. Im 3. Buch Mose 23,9 heißt es nämlich:

„Der Herr sprach weiter zu Mose: Rede zu den Israeliten und befiehl ihnen: Wenn ihr in das Land kommt, das ich euch geben werde, und Ernte darin haltet, so bringt die Erstlingsgabe eurer Ernte zum Priester... Dann zählt vom Tag nach dem Sabbat, da ihr die Erstlingsgabe als Weihegabe dargebracht habt, sieben volle Wochen bis zum Tag nach dem siebten Sabbat, zählt also fünfzig Tage: dann bringt dem Herrn ein Speiseopfer vom neuen Getreide dar..."

Am Ende des Omerzählens wird am 7. und 6. Siwan Schawuot gefeiert, das Wochenfest. Die 50 Tage der Omerzeit ist diejenige Zeit, die vergeht zwischen dem Beginn der Gerstenernte und dem Ende der Weizenernte. Das christliche Pfingstfest (griech. Pentecoste) wird übrigens gleichfalls 50 Tage nach Ostern, nach dem Pessachfest, gefeiert. Die Zählformel des Omer geht so: Am ersten Tag, an dem gezählt wird, am 2. Seder-Abend, sagt man: Heute ist ein Tag seit dem Omer. Am zweiten Abend heißt es: Heute sind es zwei Tage seit dem Omer ... usw. Bis es dann am achten Abend heißt: Heute sind es acht Tage, das sind eine Woche und ein Tag seit dem Omer. Im historischen Kontext gesehen haben in der Zeit des Omer-Zählens im Verlauf der jüdischen Geschichte immer wieder Katastrophen stattgefunden, z. B. der Tod vieler Schüler von Rabbi Akiba als Folge des Bar-Kochba-Aufstandes, des letzten Freiheitskampfes der Juden gegen die Römer (131—135 v. u. Z.). Deshalb werden freudige Anlässe — wie etwa eine Hochzeit — ausgespart. Allerdings gibt es eine Ausnahme: Am 33. Omertag, am 18. Ijar, können Eheschließungen stattfinden, an diesem Tag — Lag B'Omer — endete nach der Tradition das Sterben der Schüler Rabbi Akibas. So ist denn dieser Tag auch zum jährlichen Tag der Schüler geworden.

2.9 Schawuot — Wochenfest/Fest der Offenbarung

Ein Sklavenvolk wurde ausersehen, zum Gottesvolk zu werden. Wenn Pessach als die Verlobung Israels mit Gott gilt, dann ist Schawuot der Hochzeitstag. Der Befreiung aus der Sklaverei folgt die göttliche Offenbarung.

Schawuot, das Wochenfest, Wallfahrtsfest wie Pessach und Sukkot, zeichnete sich zu Zeiten des Tempels durch Prozessionen zur heiligen Stadt Jerusalem aus. An Schawuot wurden zwei Brote aus neuem Korn — Sinnbilder der Weizenernte — in den Tempel getragen. Das Fest stammt mit ziemlicher Wahrscheinlichkeit nicht — wie Pessach — aus der Wüste, sondern aus der Zeit der Landnahme, als das Volk Israel bereits auf eigenem Boden lebte und den Wunsch hatte, zu Ehren seines Gottes ein Erntedankfest zu feiern. Aber wie andere Feste weist auch Schawuot eine doppelte Bedeutung auf. Während die Bibel nur das Fest der Bukkurim, der Erstlingsfrüchte kennt, deuteten die Rabbinen des Talmud Schawuot als Fest der Offenbarung Gottes am Sinai, wo Mose von Jahwe die zehn Gebote empfing, die ja so etwas wie die Grundlage menschlicher Gemeinschaftsordnung schlechthin geworden sind. Erinnerung an den Sinai — ein großer Tag in der jüdischen Geschichte: Nach der Erwählung und der Befreiung der versklavten Israeliten schließt Gott einen Bund mit diesem Volk, einen ewigen Bund:

„Moses berief ganz Israel und sprach zu ihnen: ‚Höre, Israel, die Satzungen und Gebote, die ich heute vor deinen Ohren verkünde! Lernt sie und achtet darauf, sie zu befolgen! Der Herr, unser Gott, hat mit uns am Horeb einen Bund geschlossen. Nicht mit unseren Vätern schloß er diesen Bund; nein, mit uns, den Lebenden, die wir heute ingesamt hier sind...'" (Mose 4,41) Schawuot ist das Fest der Tora schlechthin. Folgerichtig ist es Sitte, sich an diesem Fest in die Heilige Schrift zu vertiefen, Tora zu lernen und sich der Sinnhaftigkeit der Zehn Gottesworte erneut bewußt zu werden und sie als Richtschnur des eigenen Handelns zu akzeptieren. Anders als Pessach gibt es an Schawuot kaum charakteristische Bräuche und Zeremonien. Allerdings, Häuser, Wohnungen und auch die Synagoge werden mit jahreszeitlichen Blumen festlich geschmückt, ganz ist der ursprüngliche Charakter des Festes als Frühlingsfest nicht verschwunden, darauf deuten auch Gebete und Hymnen im Synagogen-Gottesdienst hin, beispielsweise die Bitte um Tau im Festgebet am ersten Tag. Tora-Lesung, Gebete und Lieder — alles kreist um die Tora selber, um die zehn Gottessprüche mit ihren Geboten und Verboten:

Nun sprach Gott alle die folgenden Worte:

(I.) „Ich bin der Herr, dein Gott, der dich aus dem Lande Ägypten, dem Hause der Knechtschaft, geführt hat. Du sollst keine anderen Götter neben mir haben! Du sollst dir kein Schnitzbild machen, noch irgendein Abbild von dem, was droben im Himmel oder auf der Erde unten oder im Wasser unter der Erde ist! Du sollst dich vor ihnen nicht niederwerfen und sollst sie nicht verehren; denn ich, der Herr, dein Gott, bin ein eifersüchtiger Gott, der die Schuld der Väter an den Kindern, am dritten und vierten Geschlecht, nachprüft bei denen, die mich hassen. Ich erweise aber meine Gnade bis ins tausendste Geschlecht denen, die mich lieben und meine Gebote halten.

(II.) Du sollst den Namen des Herrn, deines Gottes, nicht unnütz aussprechen; denn der Herr läßt denjenigen nicht ungestraft, der seinen Namen unnütz ausspricht!

(III.) Gedenke des Sabbattages, um ihn heilig zu halten. Sechs Tage lang sollst du arbeiten und all deine Geschäfte verrichten. Doch der siebte Tag ist ein Ruhetag für den Herrn, deinen Gott. Du sollst an ihm keinerlei Arbeit tun, weder du selbst noch dein Sohn, noch deine Tochter, noch dein Knecht, noch deine Magd, noch dein Vieh, noch dein Fremdling, der sich in deinen Toren befindet. Denn in sechs Tagen hat der Herr den Himmel, die Erde, das Meer und alles, was in ihnen ist, erschaffen; doch am siebten Tage ruhte er. Darum segnete der Herr den Sabbat und erklärte ihn für heilig.

(IV.) Ehre deinen Vater und deine Mutter, damit du lange lebst in dem Lande, das der Herr, dein Gott, dir gibt!

(V.) Du sollst nicht töten!

(VI.) Du sollst nicht ehebrechen!

(VII.) Du sollst nicht stehlen!

(VIII.) Du sollst gegen deinen Nächsten kein falsches Zeugnis abgeben!

(IX.) Du sollst nicht das Haus deines Nächsten begehren!

(X.) Du sollst nicht begehren die Frau deines Nächsten und auch nicht seinen Knecht, seine Magd, sein Rind, seinen Esel und nichts von dem, was deinem Nächsten gehört!"

Am zweiten Tag von Schawuot wird in der Synagoge das Buch Ruth gelesen. Es erzählt die Geschichte einer Familie, die sich infolge einer Hungersnot außer Landes in die Fremde begibt, wo der männliche Stamm stirbt. Die auf diese Weise rechtlos gewordene Witwe Noemi kehrt mit ihrer moabitischen Schwiegertochter, die nicht zum Volk und damit auch nicht zum Bund gehört, nach Bethlehem zurück. Dort bekennt sich Ruth zum Gott Israels und lebt nach den Sitten und Gebräuchen der Israeliten. Gottes Wege sind unergründlich: Er bestimmt die volksfremde Ruth, die keine Nachkommen hat, zur Stammutter des Hauses David. Ein Verwandter ihres verstorbenen Mannes nimmt Ruth zur Frau, der aus dieser Ehe hervorgegangene Sohn ist der Großvater von König David. So hat Ruth, die Nicht-Israelitin, teil an der göttlichen Verheißung. Nicht von ungefähr findet man unter den Deutungen des Festes Schawuot auch die Lesart, daß Gott sich am Sinai nicht nur Israel, sondern allen Völkern geoffenbart und ihnen die Tora gegeben habe. Von daher verwundert es nicht, daß dieses Fest einst auch von den Christen gefeiert worden ist. Schon bei der Beschreibung von Simchat Tora wurde betont, daß das Judentum entgegen einer weitverbreiteten Auffassung keine strenge Gesetzesreligion ist und Menschen in Abhängigkeit halte. Noch einmal: Das Judentum kennt keine Dogmatik im christlichen Sinne, Glaubenssätze sind bei den Juden nie unter Androhung von Strafen als allgemeingültig und verbindlich durchgesetzt worden. Das zeigt sich bis heute in der Vielfalt der Richtungen innerhalb des Judentums. Pluralismus wird bejaht — und kann bejaht werden, weil eines nie in Frage stand: die Erfahrung Gottes.

1783 hat Moses Mendelsohn seine Erkenntnis vom Judentum dahingehend definiert, daß das Judentum eine Gesetzesreligion und keine Offenbarungsreligion sei. Soll heißen: das Judentum fordert nur bestimmte Handlungen und Zeremonien, nicht aber Glaubenssätze oder Dogmen, die das menschliche Erkenntnisvermögen übersteigen. Beweis: die Offenbarung am Sinai. Die dort ausgesprochenen Sätze müßten von jedem vernünftigen Wesen als wahr erkannt werden. Das Judentum, so Mendelssohn, kenne keine Einschränkung der Denkfreiheit.

Im Verständnis von Franz Rosenzweig und Martin Buber bedeutet Offenbarung eine dialogische Situation, das Zwiegespräch mit Gott, das der im Kern seines Wesens angesprochene und darauf mit seinem auf Gott gerichteten Handeln antwortende Mensch erfährt.

Die Macht des mosaischen Gesetzes
Von Herman Wouk

Es ist die gesamte Jurisprudenz, die Männer wie mein Großvater und die gelehrten Doktoren früherer Zeiten von Generation zu Generation bewahrt, erweitert und, wenn sie starben, an neue Rechtsgelehrte weitergegeben haben. Sie stammt von einem Gesetzgeber von Weltformat, von Moses, der Elemente uralten semitischen Rechts mit der genialen Vision einer durch Gott verkündeten moralischen Ordnung zu einer Verfassung für eine einzigartige religiöse Familien-Nation verband. Diese Verfassung ist die Thora. Sie ist zusammen mit ihrem Gewohnheitsrecht, das im Laufe eines Jahrtausends entstanden war, im Talmud fortgesetzt wurde und in fünfzehn weiteren Jahrhunderten durch Kodizes und Gerichtsbeschlüsse erweitert und abgeändert wurde, bis zu uns gelangt. Sie ist die religiöse Richtschnur für alle Menschen, die an der von ihr geschaffenen Identität festhalten und für ihr persönliches Leben Moses als den jüdischen Gesetzgeber akzeptieren.

Als der jüdische Staat im Jahre 70 zusammenbrach, machte das Mosaische Zivil- und Strafrecht durch einen Erlaß seiner eigenen Juristen dem Zivil- und Strafrecht der Länder, in denen die Juden lebten, Platz. Das Gesetz dieser Länder hat für Juden nach der Bestimmung des Talmud die volle Kraft des Religionsgesetzes, außer wenn es sie daran hindert, Gott auf ihre Weise zu verehren. Die Gesetze des Moses über den Dienst an Gott bleiben unverändert gültig. Es gibt keine Sanktionen, um die Einhaltung zu erzwingen. Die Macht des Mosaischen Gesetzes ist heute wie in vielen Jahrhunderten vorher rein moralischer Natur; und auch darin ist die Gesetzgebung einzigartig.

Diese Macht hat, soweit sie vorhanden war, das jüdische Volk am Leben und in seiner Identität erhalten; es zählt jetzt etwa elf Millionen, nachdem durch das Massaker Hitlers im 20. Jahrhundert ein Drittel aller Juden umgekommen sind.

2.10 Tischa Beaw — der 9. AW (Tempelzerstörung)

Neben den Hohen Feiertagen, den historischen Festen und kleineren Festtagen (Lag B'omer, Chamischa Assar bischewat) kennt der jüdische Jahreskalender einige Tage, die als ausgesprochene Trauertage ausgewiesen sind und mit Bußübungen und Fasten begangen werden. Diese Tage haben mit der Zerstörung Jerusalems und dem Verlust des jüdischen Zentrums im Vorderen Orient zu tun. So erinnert der 10. Tewet an die Belagerung Jerusalems durch die Römer, am 17. Tammus gelang den Römern die erste Bresche in die jüdische Verteidigung, und am 9. AW wurde der Tempel zerstört. Der 3. Tischri ist der Gedenktag für Gedalja, der ermordet wurde; er war vom babylonischen König als Statthalter von Judäa eingesetzt worden, er blieb im Lande und kümmerte sich um die Männer, Frauen und Kinder, die nicht nach Babylon ins Exil geführt worden waren. Er verwaltete den Rest von Judäa, was ihm den Vorwurf der Kollaboration mit dem Feind eintrug und zu seiner Ermordung durch Ismael, den Sohn Netanjas, führte (Jeremia 40/41).

Der wichtigste Trauertag, der auch wie andere Feiertage bereits am Vorabend beginnt, ist der 9. AW. Nach der Überlieferung sollen an diesem Tag sowohl der erste Tempel zerstört worden sein, 587 v. u. Z. durch den Babylonierkönig Nebukadnezar, als auch der zweite Tempel, den die Römer im Jahr 70 n. u. Z. nach dreiwöchigem Wüten in Jerusalem und verzweifelter jüdischer Gegenwehr in Brand steckten. Die im Exil von Babylon gewonnenen Erkenntnisse bestätigen sich fast 600 Jahre später aufs Neue, als die Zerstreuung der Juden über die Welt begann. Sie blieben trotz aller Verfolgungen ein Volk. In Babylon war deutlich geworden, daß die Juden auch ohne Tempel weiter existieren konnten, hier, im Exil, wurden die Grundlagen des jüdischen Universalismus gelegt. Palästina hatte nach dem Fall des zweiten Tempels als jüdisches Siedlungszentrum und als Heimstatt des Volkes ausgespielt, aber der Gedanke an die Rückkehr nach Zion blieb während der vielen Jahrhunderte in der Diaspora bestehen. Erst seit 1948 gibt es wieder einen jüdischen Nationalstaat, Israel, der schmale Landstreifen zwischen der Ostküste des Mittelmeeres und dem Jordan, der von jeher, nicht erst in unserer Zeit, Spielball der Politik von Großreichen und Großmächten gewesen ist.

Die drei Wochen zwischen dem 17. Tammus und dem 9. AW sind für fromme Juden Tage tiefer Trauer, man hört und macht keine Musik, es finden keine Hochzeiten statt, man ißt kein Fleisch und trinkt keinen Wein, läßt Haar und Bart stehen. Drückende Stimmung auch in der Synagoge, die mancherorts bewußt an die Tempelzerstörung erinnert: Die Beter sitzen mit bloßen Füßen auf dem kahlen Boden, das Licht ist nur spärlich, die Pulte sind umgelegt, der Schmuck an den Tora-Rollen fehlt. Die Liturgie enthält Klagelieder, bei uns sind es zu großen Teilen spätmittelalterliche Gesänge, in denen die Trauer über die Not und Verfolgung der jüdischen Gemeinden in Deutschland zum Ausdruck kommt.

Der 9. AW — ein Tag der nationalen Trauer und des Schmerzes, an dem von Sonnenuntergang bis Sonnenuntergang wie am Jom Kippur gefastet wird; man zieht die Lederschuhe aus, sondert sich von den Familienmitgliedern ab, hockt sich auf den Boden und denkt über das Schicksal des eigenen Volkes in der Vergangenheit und Gegenwart nach. Dabei soll die Konzentration durch nichts gestört werden, selbst das Tora-Studium soll an diesem Tag unterlassen werden. Denn am 9. AW trauert auch die Tora.

Auf den 9. AW folgen sieben Wochen des Trostes, der erste Sabbat nach Tischa Beaw heißt denn auch Schabbat Nachamu, Sabbat des Trostes. Am Ende der Wochen des Trostes steht dann Rosch Haschana, das jüdische Neujahrsfest, welches das bürgerliche Jahr einleitet.

Die Zerstörung des Zweiten Tempels

Jetzt kehrte Titus auf die Antonia (Festung in Jerusalem im Nordwesten des Tempelbergs) zurück mit dem Entschluß, am kommenden Tage frühmorgens mit seiner gesamten Streitmacht vorzugehen und einen Ring um den Tempel zu legen. Aber Gott hatte es schon längst gefügt, daß dieser ein Raub der Flammen werden sollte; außerdem war ja im Laufe der Zeit jener Tag gekommen, der 10. Tag des (römischen) Monats Loos, an dem einstmals schon der Tempel vom König von Babylon niedergebrannt war. Freilich entzündeten diesmal die Einwohner selbst den Brand, und sie waren es, die den Tempel durch ihre Schuld in Schutt und Asche sinken ließen. Titus war nämlich kaum weggegangen, da wandten sich die Rebellen nach kurzer Pause wieder gegen die Römer, und jetzt kam es zum Nahkampf zwischen der Tempelbesatzung und jenen Männern, die zum Löschen des Feuers im Innern des Tempelbezirks beordert waren. Und als nun die römischen Soldaten den Juden, die sich absetzen wollten, nachdrängten, und zwar bis zum Tempelgebäude selbst, da packte einer von ihnen ohne Befehl und ohne Rücksicht auf die Tragweite seines Handelns, wie von einer höheren Macht getrieben, eine Brandfackel, ließ sich von einem anderen in die Höhe heben und warf sie durch das goldene Fenster, wo von Norden her der Weg in die äußeren Tempelräume führte. Und als jetzt die Flammen emporschlugen, da schrien die Juden so furchtbar auf, wie es dieses Unheil verständlich machte, und jetzt gab es für sie keine Gefahr mehr, sondern sie eilten von überallher herbei, um zu löschen; denn nun stand das Heiligtum vor dem Untergang, wovon sie bisher das Schlimmste hatten abwenden wollen.

Literatur

Ludwig Basnizki: Der jüdische Kalender. Entstehung und Aufbau. Frankfurt/M. 1938/Königstein 1986;
Rudolf Wendorff: Tag und Woche, Monat und Jahr. Eine Kulturgeschichte des Kalenders. Opladen 1933;
Salcia Landmann: Sinn und Unsinn der Gedenktage. Vortrag VI. Internationales Kornhaus-Seminar in Weiler/Allgäu, August 1989;
Jüdisches Fest – Jüdischer Brauch. Herausgegeben von Friedrich Thieberger unter Mitwirkung von Else Rabin. Königstein 1979;
Pnina Navé-Levinson: Das Gesetz ist kein Joch. Zum Tora-Freudenfest 5730. Radio-Sendung im NDR, Oktober 1969;
Günter Friedländer: Zum Sabbat. Radio-Sendung im NRD 3, 19.12. 1987;
Happy Purim. Ein jüdischer Feiertag in Israel, beschrieben von Rudolf Küstermeier. Radio-Sendung im NDR 3, 18. 3. 1973;
Die Pessach-Hagada. Erzählung von dem Auszuge Israels aus Ägypten an den beiden ersten Pessach-Abenden. Übersetzt von W. Heidenheim. Basel 1970;
S. Ph. de Vries: Jüdische Riten und Symbole. Reinbek 1990;
Jüdisches Kultgerät. Eine Auswahl aus den Sammlungen. Text Rolf Hagen und Ralf Busch. Fotos Ilona Döring. Übersetzungen aus dem Hebräischen: David Davidovitsch. Ausstellungskatalog. Braunschweigisches Landesmuseum, 1984.

V. Jüdischer Alltag — Von der Wiege bis zum Grab

1. Wer ist ein Jude?

Das Wort „Jude" (hebr. Jehudi) war ursprünglich die Bezeichnung für einen Angehörigen des Stammes Juda. Das Volk Israel führt sich ja auf die zwölf Söhne Jakobs zurück, die als Stammväter gelten. Juda war einer dieser Stämme. Nach der Rückkehr aus dem Babylonischen Exil ging diese Bezeichnung auf alle aus dem jüdischen Volk über.

Nach jüdischem Verständnis ist Jude:

— wer eine jüdische Mutter hat;

— wer beschnitten ist;

1 Mose 17: „Gottes Bund für Abraham und seine Nachkommen. Danach sprach Gott zu Abraham: ... Dies ist mein Bund, den ihr halten sollt; er besteht zwischen mir und euch und deiner Nachkommenschaft: Beschnitten soll bei euch alles Männliche werden. Ihr sollt euch am Fleisch eurer Vorhaut beschneiden lassen. Dies soll ein Bundeszeichen zwischen mir und euch sein."

— wer an den Gott Israels glaubt;

5 Mose 6: „Mahnung des Moses zur Bundestreue. Höre Israel: Der Herr ist unser Gott, der Herr allein! Du sollst den Herrn, deinen Gott, aus ganzem Herzen, aus ganzer Seele und mit all deiner Kraft lieben. Diese Worte, die ich dir heute befehle, seien in deinem Herzen! Auch sollst du sie deinen Kindern einschärfen ..."

— wer nach den Regeln des Religionsgesetzes (der Halacha) übertritt.

Wer sich zum Judentum bekehrt, sich beschneiden läßt und an Jahwe, den Gott Israels, glaubt, gehört zur jüdischen Gemeinschaft. Dagegen gehört nicht mehr zur jüdischen Gemeinschaft, wer sich trotz jüdischer Mutter und Beschneidung einer anderen Religion zuwendet und zu dieser übertritt. Nicht religiös gebundene und nach dem Gesetz lebende

Juden werden in aller Regel weiterhin zum jüdischen Volk gerechnet.

Die jüdische Identität ruht auf drei Säulen:

a) dem Bekenntnis zur jüdischen Religion;
b) dem Bewußtsein der Zugehörigkeit zum jüdischen Volk, zu einer Schicksalsgemeinschaft;
c) dem Land der Väter, Israel (Erez Israel), mit dem die Erwählung der Israeliten durch Gott und deren Konstituierung als Volk ergänzt wird. 3 Mose 25,38: „Denn ich bin der Herr, euer Gott, der euch aus dem Land Ägypten herausgeführt hat, um euch das Land Kanaan zu geben und euer Gott zu sein."

Es hat über die Jahrhunderte hinweg, seit der Zerstreuung der Juden über die Welt, stets eine enge Verbindung von Volk und Religion und dem von Jahwe zugewiesenen Land gegeben, „das von Milch und Honig fließt" (2 Mose 3,8). Auch in der Diaspora hat das Fleckchen Erde Palästina eine zentrale Bedeutung im jüdischen Denken behalten und mit der Gründung des Staates Israel 1948 eine neue Qualität bekommen. Zwar besteht die Diaspora fort (25 Prozent der Juden leben in Israel, 75 Prozent außerhalb Israels), aber im Bewußtsein der jüdischen Weltbevölkerung gibt es nach wie vor die Verbindungslinien zwischen Volk, Religion und Land. Die Konstituierung als Volk, dazu der Glaube an Jahwe, den einzigen Gott Israels, und die Landverheißung stehen am Anfang der jüdischen Geschichte. Das Bewußtsein, ein Volk zu sein, haben die Juden auch in der Zerstreuung bewahrt.

2. Verbundenheit mit Gott: Beten, Lernen, Tun

Der Gedanke an Gott begleitet den frommen Juden auch im Alltag. Seit jeher ist deshalb das Gebet der höchste Ausdruck der Frömmigkeit gewesen, wichtiger noch als das Opfer im Tempel.

Drei Gebetszeiten haben die Juden: am Morgen, am Mittag und am Abend. Gebet und Studium der Tora und der anderen heiligen Schriften sind sozusagen in den Tagesablauf integriert. Bereits kurz nach dem morgendlichen Erwachen und Aufstehen waschen fromme Juden ihre Hände und beten dabei: „Gelobt seist du, Ewiger, unser Gott, König der Welt, der uns geheiligt hat durch seine Gebote und uns befohlen, die Hände zu waschen." Vom ersten Morgengebet zu Hause, über das öffentliche Morgengebet in der Synagoge, kurze Gebete vor jeder Mahlzeit und längeres Dankgebet nach der Mahlzeit, über das öffentliche Abendgebet in der Synagoge bis zum Nachtgebet, auf der Bettkante sitzend gesprochen, reicht der Gebetsrhythmus. Im Gebet stellt der einzelne Jude eine persönliche Beziehung zu Gott her: „Höre, Israel, der Ewige, unser Gott, der Ewige ist einzig." Auf dieser Grundlage des „Sch'ma" gründet die Beziehung zwischen dem Menschen und dem einen und einzigen Gott; nichts und niemand steht zwischen ihm und den Menschen. Das nachfolgende Gebot, Gott mit ganzem Herzen, ganzer Seele und ganzer Kraft zu lieben, kann nach jüdischem Verständnis nur durch Lernen erreicht werden. Verstanden wird das Gelernte mit der Seele. Lernen und Verstehen führen schließlich zum Handeln.

Weiter wird geboten, dies alles auch die Kinder zu lehren, es auf die eigenen Hände zu schreiben, zwischen den Augen zu haben und an die Türpfosten zu nageln. Was heißt das?

Auf die Hände schreiben Juden nichts. Aber sie binden die Schrift um ihre Arme. Dazu benutzen sie die Tefillin, die Gebetsriemen. Das sind kleine schwarze Dosen, die mit Lederriemen verbunden sind. In den Dosen befinden sich Miniatur-Tora-Rollen. Eine wird auf der Stirn befestigt, eine zweite wird so um den linken Oberarm geschlungen, daß die Tora-Dose nahe dem Herzen liegt. Der betende Jude stellt so symbolisch die Einheit von Herz (Gefühle), Hirn (Denken) und Arm (Handeln) dar.

Außer den Gebetsriemen legen jüdische Männer zum Morgengebet einen weißen Gebetsmantel an, den Tallit; das viereckige Tuch weist an seinen Ecken Fransen auf, lange Fäden, sogenannte Schaufäden, die wiederum eine Beziehung zur Tora herstellen. Denn im 3. Buch Mose 15,37 heißt es: Der Herr sprach zu Moses: „Rede zu den Israeliten und befiel ihnen: Sie sollen sich Quasten an die Zipfel ihrer Kleider nähen, sie und ihre Nachkommen, und an jeder Zipfelquaste eine Schnur von violettem Purpur anbringen. Das soll für euch ein Zeichen sein: Wenn ihr sie seht, sollt ihr aller Gebote des Herrn gedenken, nach ihnen handeln ..."

Auch am Türpfosten zum Eingang in ein jüdisches Haus oder eine jüdische Wohnung hängt ein kleines, verziertes Behältnis, Mesusah genannt; es enthält eine winzige Pergamentrolle mit dem „Sch'ma" aus dem 5. Buch Mose, aus dem sich der Brauch herleitet. Wer das Haus betritt oder verläßt, schaut die Mesusah an, berührt sie, und manche küssen sie auch. Gott ist unser Begleiter, wird auf diese Weise in Erinnerung gerufen, zu Hause und auch unterwegs.

Man kann sagen: Die Tora ist das Zentrum jüdischen Lebens. Fromme Juden versuchen im lebenslangen Studium, immer tiefer in die Geheimnisse der Tora einzudringen. So spielt die Schule in ihren verschiedenen Differenzierungen bei den Juden eine bedeutende Rolle. Auch hat sich eingebürgert, aus der Tora zusätzlich zum Sabbat auch am Montag und am Donnerstag öffentlich zu lesen. Kinder werden schon früh in die Lehre eingewiesen, und auch berufstätige Männer widmen manchen Abend noch dem Lernen und Studieren der Schrift.

Jedes Gemeindemitglied hat den Siddur (Anordnung), ein Gebetbuch, das die Stammgebete, die täglichen Gebete enthält, dazu den Grundstamm für die Liturgie des Sabbat- und Festtagsgottesdienstes. Das Festtagsgebetbuch heißt Machsor (Kreislauf) und war ursprünglich ein Kompendium für Liturgie und Ritus; heute bezeichnet Machsor das Gebetbuch für die Fest- und Feiertage im Unterschied zum Gebetbuch für den Alltag.

Die wichtigsten, weil immer wiederkehrende Gebete sind:

— Sch'ma Israel (Höre Israel)
  es wird morgens und abends gebetet;
— Schemone Esre (Achtzehn)
  das Achtzehngebet, auch das „Gebet" schlechthin, wird zu allen drei Gebetszeiten gesprochen;
— Tachanum (Bitten, Flehen)
  schließt an das Achtzehn-Gebet an und bildet den Abschluß des Morgen- und Nachmittagsgebetes.

Wann betet ein frommer Jude? wird häufig gefragt. Die Antwort: Immer! Hundert Lobpreisungen soll er beten, jeden Tag. Danksagungen begleiten ihn durch den Tag.

„Ich bekenne vor Dir, dem ewig lebenden König der Welt, daß Du mir in großer treuer Liebe meine Seele wiedergegeben hast." So lautet der Dank an den Schöpfer am Morgen nach dem Aufwachen. Es gibt Gebete und Gebetsordnungen für nahezu jede Gelegenheit. Wenn es blitzt, heißt es: „Gelobt seist Du, Ewiger, König der Welt, der Du das Schöpfungswerk vollbracht." Und bei Donner, Sturm oder Erdbeben lautet der Segensspruch: „Gelobt seist Du, Ewiger, König der Welt, Deine Kraft und Allmacht erfüllt das All."

3. Geburt und Beschneidung (Berit Mila)

In Psalm 128 wird ein schönes Bild entworfen: „Wie junge Ölbäume sind deine Kinder rings um deinen Tisch." Und weiter: „Siehe, so wird ein Mann gesegnet, der den Herrn fürchtet." Von der Frau wird gesagt: „Deine Gattin gleicht einem fruchtreichen Weinstock im Inneren deines Hauses." Die Kinderfreudigkeit und die Freundlichkeit zu Kindern ist in der jüdischen Gemeinschaft sprichwörtlich. Kinder sind Geschöpfe Gottes: „Du hast mein Inneres geschaffen, mich gewoben im Schoß meiner Mutter. Ich danke dir, daß du mich so wunderbar gestaltet hast." (Psalm 139, 13)

Als Jude wird man geboren, von einer jüdischen Mutter, die ihrerseits eine jüdische Mutter hatte. Menschliches Leben beginnt nach jüdischer Auffassung nicht erst mit der Geburt; schon das ungeborene Kind im Mutterleib wird hochgeschätzt. Nach dem Talmud macht sich schuldig, wer sich am Embryo vergreift (vgl. Kap.2, Erläuterungen zum Talmud).

Ein neugeborener Sohn ist das jüngste Glied in der Kette der Ahnen, die bis zu den Stammvätern Abraham, Isaak und Jakob reicht. Daher erfolgt am achten Tag nach der Geburt eines Knaben dessen Berit Mila, seine Beschneidung, als Zeichen des ewigen Bundes zwischen Gott und seinem Volk, Zeichen jüdischer Identität.

Ist ein Mädchen in einer Familie geboren worden, wird beim ersten Synagogen-Besuch der Eltern im Gebet gedankt, und das neugeborene Kind erhält seinen Namen.

Der Knabe bekommt seinen Namen während der Beschneidungsfeier, die früher meist in der Synagoge stattfand, aber seit langem wird diese feierliche Handlung auch andernorts vollzogen, im Krankenhaus und im eigenen Heim. Die Beschneidung wird in der Regel von einem Mohel praktiziert, einem dafür ausgebildeten Fachmann, der den operativ-rituellen Akt vollzieht, bei dem mit einem Beschneidungsmesser die Vorhaut abgetrennt und das Blut mit einem Röhrchen abgesaugt wird. Während des Eingriffs liegt der Knabe auf dem Schoß des Sandak (Beistand, Pate), einem durch hohe Gelehrsamkeit ausgezeichneten Mann. Findet die Beschneidung in der Synagoge statt, wird der Knabe zuvor auf den Stuhl gelegt, der stets für den Propheten Elia, den Vorläufer des Messias, freigehalten wird. Ist die Beschneidung vollzogen, übergibt der Mohel das Kind dem Vater, der einige Gebete spricht und dann seinem Sohn den Namen gibt. Um die Kontinuität in der Generationskette deutlich zu machen, erhält das neugeborene Kind keinen Namen, den ein lebender Verwandter trägt; meist bekommt der Junge den Namen des nächsten, bereits gestorbenen Verwandten. Bei der Beschneidung wird ein Linnen benutzt; einen Streifen dieses Linnens, eine Mappa, wird in der Synagoge um die Tora-Rolle gewickelt, in die Name, Geburtsdatum wie auch der Segenswunsch „zur Tora, zur Ehe und zu guten Taten" eingestickt ist.

Es kann auch vorkommen, daß der Vater die Beschneidung des eigenen Sohnes vornimmt, sofern er dazu die Berechtigung hat und die Gemeinde sich von seinen theoretischen Kenntnissen und seiner praktischen Erfahrung überzeugt hat. Man kann sich vorstellen, daß eine solche Feier von besonders intensivem religiösen Charakter ist: Zeugnis und Zeugnis ablegen für den ewigen Bund mit Gott: „...Du aber, du wahre meinen Bund, du und dein Same nach dir für ihre Geschlechter. Dies ist mein Bund, den ihr wahren sollt, zwischen mir und euch und deinem Samen nach dir: Beschnitten unter euch sei alles Männliche. Am Fleisch eurer Vorhaut sollt ihr beschnitten werden, das sei zum Zeichen des Bundes zwischen mir und euch. Mit acht Tagen soll alles Männliche unter euch beschnitten werden."

Der achte Tag kann es indes nicht immer sein, es gibt Ausnahmen, etwa wenn das Kind für einen solchen, wenn auch harmlosen medizinischen Eingriff zu schwach ist kurz nach der Geburt oder besondere Lebensumstände einen Aufschub ratsam erscheinen lassen.

Nach der Zeremonie wird gefeiert bei gutem Essen, bei dem — wie bei anderen feierlichen Anlässen — auch das Brot gebrochen wird. Gebete werden gesprochen, Lieder gesungen, Ansprachen gehalten, den Eltern und dem Kind Glück gewünscht. Nicht selten wird auch schon am Abend vor der Berit Mila gefeiert, wenn im Haus des Neugeborenen sich Freunde und Verwandte einfinden, Abschnitte aus den Heiligen Schriften lesen und das bevorstehende Ereignis, die Beschneidung, diskutieren.

Die Beschneidung bedeutet sichtbares Bekenntnis zum Judentum, die Eltern verpflichten sich, ihr Kind im Sinne des Gesetzes zu erziehen. Der Akt der Beschneidung ist kein Sakrament im christlichen Sinne, er ist ein Zeichen der Identitätsstiftung des Bundes mit Gott. Die Beschneidung ist kein ausschließlich jüdischer Brauch. Muslime kennen die

Beschneidung ebenso, auch unter Naturvölkern Afrikas, Australiens und Lateinamerikas ist der Brauch verbreitet. Dort erfolgt die Beschneidung — parallel zur Defloration — erst kurz vor der Hochzeit. Das heißt, die Beschneidung ist ein Zeichen der Mannwerdung. Hygienische und medizinische Erklärungsmuster für die Beschneidung sind jüngeren Datums und werden von Juden nicht angeführt. Während das Judentum nur die Beschneidung der Knaben kennt, wird in islamischen Ländern und in verschiedenen afrikanischen Ländern heute weiterhin gegen wachsende Widerstände auch eine Beschneidung (Entfernung der Klitoris) der Mädchen praktiziert, ein Akt, der allerdings keinen religiösen Hintergrund hat.

4. Erziehung und Bar Mizwa („Sohn der Pflicht")

Die Erziehung ihrer Kinder nehmen die Juden sehr ernst, sie ist ihnen heilige Verpflichtung. Lebenslanges Lernen gehört zum Wesen des Judentums, Analphabetismus ist dem jüdischen Volk fremd. Für die Schulausbildung ihrer Kinder haben auch die meist in horrender Armut lebenden osteuropäischen Juden sich krummgelegt und große Opfer gebracht. Im jiddischen Schtedtl, der spezifischen Siedlungsform der Juden in Osteuropa, herrschte eine bis zur Absurdität maßlose, groteske Armut, wie Manès Sperber in seinem Erinnerungsbuch „Die Wasserträger Gottes" das Leben im Schtedtl von Zablotow/Galizien charakterisiert hat, aus dem er stammte. „Sich kaum je wirklich sattzuessen, war das Schicksal der meisten ... Bis spät in den Herbst gingen die Kinder barfuß; im Winter mußten häufig ein oder zwei Paar Stiefel für die ganze Familie reichen. Man heizte mit der billigsten Kohle, aber auch für sie reichte das Geld nicht. Reichen mußte es aber in jeder Familie für eines: für den Lohn des Lehrers. Vom dritten Lebensjahr an mußten die Kinder, die Buben, nicht die Mädchen, in den Cheder, die Schule, in der man hebräisch lesen, beten und schließlich die Bibel übersetzen lernte."

Der Cheder ist eine Art Vorschulerziehung, die Mädchen erhalten in diesem Alter Privatunterricht, meist von der Mutter.

Wenn ein Junge 13 Jahre alt geworden ist und die Grundlagen seiner Religion, Tora und Mischna, gelernt hat, wird er in der Öffentlichkeit der Synagoge zum ersten Mal zur Tora-Lesung aufgerufen. Die Bar Mizwa wird festlich begangen, ähnlich wie in den christlichen Gemeinden und Familien die Erstkommunion und Konfirmation, wobei der Vergleich nur bedingt erlaubt ist. Mit der Bar Mizwa erreichten junge Juden ursprünglich mit ihrer Geschlechtsreife den Rechtsstand des Erwachsenen, der für sein Handeln selber verantwortlich ist. Gadol (Erwachsener) oder Bar Onuschin (Sohn der Strafe, also verantwortlich für sein Tun) wird der Jüngling genannt in der Überlieferung. Der heute gebräuchliche Begriff Bar Mizwa stammt aus dem 13. Jahrhundert von deutschen Juden, denen man auch verdankt, daß sich die Bar Mizwa-Feier durchgesetzt hat.

Nach ausgiebiger Vorbereitung, bei der er „seinen" Text lernt, wie man Tallit und Tefellin anlegt, nach Erarbeitung auch einer kleinen Auslegung (Derascha) der Tora, findet die Bar Mizwa-Feier an dem Sabbat statt, der dem 13. Geburtstag des Jungen folgt. Er wird feierlich zur Tora aufgerufen, spricht die Segenssprüche, liest ein Stück aus der Tora bzw. den ganzen Wochenabschnitt. Seinen Lehrvortrag, Derascha, hält er bei befreundeten Familien. Der synagogalen Feier schließt sich eine Familienfeier an, der „Sohn der Pflicht" ist nun mündig vor dem religiösen Gesetz und für seine Taten im religiösen Sinne selbst verantwortlich. Er ist nun erwachsen, Vollmitglied der Gemeinde. Er hat die Berechtigung erworben, das Lehrhaus (Bet Midrasch) oder die Talmudschule (Jeschiwa) zu besuchen.

Für Mädchen war ursprünglich eine Zeremonie wie die Bar Mizwa der Knaben nicht vorgesehen. Erst mit der Praxis des liberalen Judentums gibt es eine ähnliche Zeremonie, die Bat Mitzvah (Tochter der Pflicht). Sie ist — anders als die Bar Mizwa — eine Gruppenzeremonie, meist an Schawuot (Wochenfest) stattfindend, was Sinn macht, weil Schawuot die göttliche Offenbarung am Sinai feiert.

5. Verlobung, Hochzeit, Ehe

Bei der Beschneidungsfeier wird dem neugeborenen Knaben der Wunsch mitgegeben, er möge heranwachsen „zur Tora, zur Ehe und zu guten Taten". Zur Tora kommt er mit der Vollendung des 13. Lebensjahres, wenn er Bar Mizwa („Sohn der Pflicht") wird. Die Ehe darf er vom 18. Lebensjahr an eingehen; sie ist nach jüdischem Verständnis die Erfüllung des ersten göttlichen Gebotes: „Seid fruchtbar und mehret euch und füllet die Erde." Deshalb gilt die Ehe als Bestimmung des Menschen. Eine glückliche Verbindung zweier Menschen wird von der Schechina, der Anwesenheit Gottes, überstrahlt. Ehelosigkeit ist innerhalb des Judentums kein Ideal. Denn, so steht es in der Schöpfungsordnung: „Es ist nicht gut, daß der

Mensch allein bleibt. Ich will ihm eine Hilfe machen, die ihm entspricht (als sein Gegenstück)." (1 Mose 2)

Die „Hilfe", also die Frau, erfährt Verehrung und Rücksichtnahme. Ein Mann, der ohne Frau lebe, lebe ohne Freude, ohne Segen, ohne Güte, heißt es in der Überlieferung.

Zu den Lebensweisheiten, die der Talmud vermittelt, gehört auch die Forderung, man esse und trinke unter seinen Verhältnissen, kleide sich entsprechend seinen Verhältnissen, ehre Frau und Kinder über seine Verhältnisse. Keine Frage, im Judentum wird das hohe Lied der Ehe gesungen. Familie — das bedeutet „Einswerden" vor Gott und den Menschen. In der Tora heißt es dazu, der Mann solle Vater und Mutter verlassen und seinem Weibe anhängen, „daß sie werden zu einem Körper". Jede Eheschließung ist ein Ereignis für die ganze Gemeinde des Brautpaares, weil durch die Ehe und die aus ihr hervorgehende Nachkommenschaft die Existenz des „Restes Israels" gewährleistet wird.

Damit kein Mißverständnis entsteht: Der Auftrag Gottes, Leben weiterzugeben bis zur Fülle der Generation, bedeutet nicht, daß der Sinn der Ehe nur in der Kinderzeugung besteht. Wie dies lange Lehrmeinung der katholischen Kirche gewesen ist. Sexualität wird im Judentum nicht verteufelt, sie gehört wesentlich zum Glück in der Ehe und zählt zu den „Freuden des Sabbats".

Außerhalb des Staates Israel, in den Ländern der Diaspora, unterliegen Juden als Staatsbürger dieser Länder deren Gesetzen wie andere Staatsbürger auch. Und sie anerkennen diese Gesetze. Auf die Eheschließung bezogen, heißt das:

Zunächst heiratet ein jüdisches Paar auf dem Standesamt, danach gehen die beiden die Ehe nach den jüdischen Rechtsvorschriften ein. Die feierliche Zeremonie ist ohne Zweifel eine religiöse Handlung, hat aber nach jüdischer Rechtsauffassung auch zivilrechtlichen Charakter. Verzichten Jude und Jüdin auf die Eheschließung nach jüdischem Recht, gelten sie als nicht verheiratet, ihre Kinder sind nach jüdischem Verständnis nicht-ehelich.

Die Verlobung ist nach allgemeinem Verständnis kein Bündnis wie die Ehe und unterliegt keinen gesetzlichen Bestimmungen. Ein wichtigerer und verpflichtenderer Schritt ist das Aufgebot, das unter Juden als die eigentliche Verlobung gilt, als Anlobung (Erusin), der die baldige Hochzeit (Chassene) folgt. Der Hochzeitstag ist — bei aller Freude über das Ereignis — ein ernster Tag. Braut und Bräutigam fasten an diesem Tag vom Tagesanbruch an bis zur feierlichen Handlung der Eheschließung. Das Fasten ist Zeichen, nach Höherem zu streben und sich nicht an materiellen Dingen zu verschwenden. Dieser halbe Fasttag ist nicht besonders beliebt, daher werden Hochzeiten gerne auf solche Tage gelegt, an denen nach dem Gesetz das Fasten verboten ist. Kurz vor der Trauung halten Braut und Bräutigam eine gemeinsame Betstunde, sprechen Gebet mit Sündenbekenntnis (Vidui) wie sonst nur am Jom Kippur, dem höchsten jüdischen Feiertag. Vor dem Hochzeitstag ist die Braut in das rituelle Bad der Gemeinde gegangen. Dabei geht es nicht um körperliche Reinigung, um Hygiene, sondern das Untertauchen im Bad (Mikwe) ist ein Akt der Weihe, der religiösen Erhebung des Ehelebens.

Die Trauung des jüdischen Paares kann eigentlich überall stattfinden, in der Synagoge, im Gemeindesaal, zu Hause und auch unter freiem Himmel, wie häufig in Israel heute. Besonders schön ist eine Trauung im Freien zur Abendstunde bei Mondschein. Wo immer auch die Trauung stattfindet, es wird ein Baldachin (Chuppa) aufgestellt. Chuppa bedeutet Heiligtum.

Sie erinnert an das Bundeszelt der Israeliten auf ihrer Wanderung ins Gelobte Land, in dem das Allerheiligste aufbewahrt wurde, die Bundeslade mit den Gesetzestafeln, dem Zehnerwort. Unter diesem Dach, unter dem Dach des Bundeszeltes, symbolisch dargestellt durch die Chuppa, wird das Paar wohnen und eine Familie begründen.

Verlobung, Aufgebot (Anlobung) und Hochzeit werden gewissermaßen jetzt in einer Zeremonie zusammengezogen. Dieser Zeremonie kann eine Art „Vorspiel" vorausgehen, nämlich der Austausch der Brautgeschenke. Der Bräutigam schenkt seiner Braut ein Gebetbuch, sie schenkt ihm einen Tallit. Von seinen Paten wird das Brautpaar in feierlicher Prozession zur Chuppa geleitet Die Braut ist mit einem besonderen Tuch, einer Art Schleier, bedeckt. Auch dieses Zeichen hat eine besondere Bedeutung: Die Frau soll sich von jetzt an immer mit verhülltem Haar zeigen. Als Paten fungieren zumeist die Eltern des Brautpaares. Wichtig sind die beiden Zeugen, die sich davon überzeugen, daß der Trauring vorhanden ist und daß der Ehemann den Ehevertrag (Ketubba) unterzeichnet. Nun tritt der Baal Kidduschin (Herr der Heiligen Zeremonie) in Aktion. Die Aufgabe des „Einsegners" übernimmt meist der Rabbiner oder auch der Lehrer der Gemeinde, der eine kleine Ansprache hält. Ein Becher wird mit Wein gefüllt, der „Einsegner" spricht den Segen darüber und leitet über zur Erusin, zur Angelobung. Braut und Bräutigam bekommen von den Paten den Becher gereicht, beide trinken aus dem gleichen Becher zum Zeichen des künftigen gemeinsamen Lebensweges. Dann steckt der Bräutigam seiner Braut den Ring an den Zeigefinger der rechten Hand und spricht dabei: „Sei mir nach Moses und Israels Gesetz zugeweiht." Damit ist die Angelobung zu-ende, es folgt die Verlesung des Ehevertrags, darauf die Segenssprüche zur eigentlichen Vermählung (Nissuin). Braut und Bräutigam legen einen Tallit über Schultern und Kopf zum Zeichen ihrer jetzt beginnenden schicksalhaften Verbundenheit: Sie stecken von nun an gleichsam unter einer Decke!

Der Ehevertrag, in Aramäisch geschrieben, hat eine lange Tradition, er ist über zweitausend Jahre alt. Er enthält die Verpflichtungen des Mannes gegenüber seiner Frau: „Sei mir Ehefrau gemäß dem Gesetz Moses und Israels, und ich will dir dienen und dich ehren und dich unterhalten gemäß dem Gesetz für jüdische Männer, die ihren Frauen dienen, sie ehren und unterhalten in Aufrichtigkeit." Die Ketubba enthält die Festsetzung der Mitgift der Frau, der der Mann die gleich hohe Summe hinzugeben muß. Dieses Frauengut darf während der Ehe nicht ausgegeben werden; es steht einzig der Frau zu als Versorgung, falls sie Witwe wird oder es zu einer Scheidung kommen sollte.

Auf den erneuten Segen über den Wein folgen noch sechs weitere Benediktionen, eingeschlossen das Gebet um Glück für das neue Paar und für das jüdische Volk insgesamt. Die Segnungen schließen mit den Worten: „Gesegnet seist du, o Herr, der du den Bräutigam sich mit der Braut freuen läßt." Den Vermählten wird der Becher gereicht, sie trinken zum zweiten Mal gemeinsam aus dem Becher. Dann klirrt Glas! Der Bräutigam hat ein vor ihm aufgestelltes Glas mit dem

Fuß zertreten. Auch dies ein altes Ritual: Erinnerung an die Zerstörung Jerusalems und die lange leidvolle Geschichte des jüdischen Volkes.

Damit ist die Zeremonie vor der Gemeinde beendet. Es folgt der Jihud (Absonderung): die Neuvermählten ziehen sich für kurze Zeit zurück und nehmen die erste gemeinsame Mahlzeit alleine ein. Es ist der Beginn ihres Zusammenlebens.

Das Festmahl nach der Chuppa ist eine Gemeindefeier. Dem Paar wird zugejubelt: Masel Tow! Viel Glück! (wörtl.: gutes Gestirn, Glücksstern). Die Trauung wird mit einem Hochzeitsmahl (Se'udat Mizwa) gefeiert unter Anteilnahme der Gemeinde: Hochzeit ist Gemeindefeier. Wenn auch, wie wir sagten, im Judentum das hohe Lied der Ehe gesungen wird, eheliche Liebe und Treue sowie die Verpflichtung zur Nachkommenschaft ernst genommen werden, so ist Scheidung dennoch möglich und wird von der Tora anerkannt. Die Scheidung einer jüdisch-zivilrechtlichen Ehe erfolgt durch ein Rabbinat bzw. ein jüdisches Gericht, wobei man sich an die zivilrechtlichen Bestimmungen des Landes halten muß, in dem man lebt. Die Scheidung wird durch Überreichung des Scheidebriefes (Get) ausgesprochen. Ursprünglich stand das Recht auf Scheidung gemäß der Bibel nur dem Mann zu. Nach dem Talmud könnten es auch die Frauen beanspruchen, doch sieht die Praxis häufig anders aus. Im Eherecht ist die orthodox-jüdische Frau benachteiligt, vor allem in Israel. Zwar besitzt der Staat seit 1951 ein Gleichberechtigungsgesetz, doch hat die Regierung dem Rabbinat eine Reihe von Vorrechten eingeräumt, die beispielsweise in Ehe- und Familienangelegenheiten der Frau eine von ihr gewollte Scheidung erschweren. So ist die scheidungswillige Frau davon abhängig, daß ihr von ihrem Ehemann der Scheidebrief ausgehändigt wird. Nur mit einem solchen Scheidebrief kann sie eine neue, gesetzlich gültige Ehe eingehen.

In der Tora heißt es: „Wenn jemand eine Frau zur Ehe nimmt, sie ihm später aber nicht mehr gefällt, weil er an ihr etwas Widerliches (Schändliches) entdeckt, soll er ihr einen Scheidebrief schreiben, diesen ihr aushändigen und sie aus seinem Hause entlassen." (5 Mose 24) Die Bibelstelle ist interpretierbar, und es wundert nicht, daß die Talmudgelehrten darüber stritten, wie die Voraussetzung für eine Scheidung („weil er an ihr etwas Widerliches entdeckt") auszulegen sei. Für die einen konnte das nur der Tatbestand des Ehebruchs sein; lag dieser Grund vor, konnte die Ehe aufgelöst werden. Andere — wie beispielsweise Rabbi Akiba — legten den Bibelvers weitergehend aus: Es muß kein schuldhaftes Verhalten der Frau vorliegen, wenn der Mann die Scheidung will, es genüge, wenn sie — aus welchem Grund auch immer — keine Gnade vor seinen Augen finde. Maßgebend wurde sozusagen der goldene Mittelweg, den der große Rabbi Hillel fand: „etwas Widerliches" bedeutet, es liegt ein Mangel vor, ein Fehler, der bei dem Mann zur Abneigung geführt hat. Anders gesagt: Wenn ein Ehepaar nicht mehr beieinander bleiben will, wird ihm die Scheidung nach den Bestimmungen des jüdischen Gesetzes nicht verweigert. Die Heiligkeit des Ehebundes ist unbestritten, dennoch wird niemand zum Zusammenleben verurteilt, wenn er es nicht mehr will bzw. wenn sie es nicht mehr will. Im übrigen kann eine Ehescheidung auch rückgängig gemacht, und die getrennten Partner können wieder vereinigt werden. Allerdings mit einer Ausnahme: die Frau darf nach der Scheidung nicht wieder verheiratet gewesen sein. Auch hier gilt 5 Mose 24: „Verläßt sie dann sein Haus, geht hin und wird die Frau eines anderen Mannes, und auch dieser andere Mann bekommt Abneigung gegen sie und schreibt ihr einen Scheidebrief, händigt ihn ihr aus und entläßt sie aus seinem Hause — oder dieser andere Mann, der sie zur Frau genommen hatte, stirbt —, dann darf sie der erste Mann, der sie entlassen hat, nicht wiederum zur Frau nehmen." Wie gesagt, Ehescheidung ist in der jüdischen Gemeinschaft möglich, aber sie wird von religiösen Juden nicht leichtfertig gehandhabt; sagt doch der Talmud, daß die Scheidung einer Ehe im Grunde „schrecklich" sei, besonders wenn es sich um eine erste Ehe handelt. Denn für alles gibt es Ersatz, betonen die Weisen, nur nicht für das „Weib der ersten Liebe".

Was es innerhalb eines jüdischen Ehescheidungsverfahrens nicht gibt, ist, daß schmutzige Wäsche gewaschen wird. Keiner der Betroffenen muß eine Schuld auf sich nehmen, das Verschuldungsprinzip spielt keine Rolle. Zur Regelung von Versorgungs- und Vermögensansprüchen hat man den Ehevertrag, in dem alles festgehalten ist.

Von Rabbi Elimelech, einem Gelehrten des Chassidismus, der osteuropäischen jüdischen Erneuerungsbewegung im 18. Jahrhundert, ist der Spruch überliefert:

„Die Seele der Frau kommt auf die Erde aus höheren Welten als die Seele des Mannes. Darum befreit das Gesetz die Frau von solchen Geboten, deren Erfüllung an eine bestimmte Zeit des Tages oder des Jahres gebunden ist. Die Welt nämlich, in der die Seele der Frau ihren Ursprung hat, ist über den Begriff der Zeit erhaben."

Im jüdischen Schrifttum lassen sich zahlreiche Belege finden, welche die Behauptung widerlegen, das Judentum sei frauenfeindlich und die jüdische Religion sei eine ausgesprochene Männerreligion. Richtig ist, daß die Geschichten der Bibel aus männlicher Sicht erzählt sind. Das hat aber in der Praxis des Alltagslebens in der jüdischen Gemeinschaft keineswegs zu solchen gegen die Frau gerichteten Konsequenzen geführt, wie wir sie bis auf den heutigen Tag von den christlichen Kirchen kennen, namentlich von der katholischen Kirche. Jedenfalls hätte die Art und Weise, wie der Jude Jesus nach den Berichten der Evangelien mit Frauen umgeht, andere Folgerungen im Bezug auf die Stellung der Frau innerhalb der Kirche zeitigen müssen, als sie im paulinisch bestimmten Christentum seit jeher praktiziert wurden. In der jüdischen Gemeinschaft hat es dagegen eher annähernd gleiche Rechte für Männer und Frauen gegeben. Das Selbstverständnis jüdischer Frauen unterscheidet sich denn auch erheblich von den Vorurteilen, die über die Stellung der Frau im Judentum tradiert sind. Anders als im als verbindlich geltenden Lehramt der katholischen Kirche und den von Papst und Bischöfen festgelegten Bestimmungen — etwa zur Ordinierung von Frauen —, gibt es im Judentum keine Instanz, die allgemein gültige und zu befolgende Vorschriften erlassen kann.

Es gehört zum Wesen jüdischen Lebens, daß der Mann — wie schon ausgeführt — der Frau Verehrung und Rücksichtnahme entgegenbringt. „Wer seine Frau liebt wie sich selbst und sie ehrt mehr als sich selbst, seine Söhne und Töchter auf geradem Weg leitet ..., auf den darf man mit Hiob sagen: Wisse, daß dein Haus Frieden ist", sagt der Talmud. Und im Haus des Friedens, in der Familie, hat die Frau eine ungleich bedeutendere Rolle als der Mann. Sie ist Wahrerin und Hüterin der häuslichen Religiosität. Sie wird als die „Priesterin des Hauses" betrachtet. Sie gestaltet den Sabbat und die Feiertage in der Familie durch das Anzünden und Segnen der Lichter. Unter den Liedern, die bei diesen festlichen Anlässen gesungen werden, sind auch solche, die das Lob der Frauen singen. Die Erziehung der Kinder, der Söhne wie der Töchter, obliegt beiden Ehepartnern, dem Mann so gut wie der Frau. Lernen wird in jüdischen Familien großgeschrieben, Mann und Frau ergänzen darin einander zum Wohl ihrer Kinder. Nach rabbinischer Auffassung besitzt die Frau sogar mehr Verstand als der Mann; dem Mann wird ausdrücklich geraten, sich mit seiner Frau zu beraten. Die jüdische Religionswissenschaftlerin Prof. Pnina Navé-Levinson hat nachgewiesen, daß die Religionsausübung der Frauen über Jahrtausende hinweg ebenso intensiv war wie die der Männer: „Wesentliche Ausdrucksformen des Judeseins wie die Sexualhygiene, die Speisevorschriften, die Sabbatruhe und das Betenlernen der Kinder gehörten überwiegend in die Verantwortung der Frau. Hinzu traten freilich Ausgrenzungen aus ‚männlich' verstandenen religiösen Pflichten wie dem Tragen von Schaufäden, des Gebetsmantels (Tallit) und der Gebetskapseln (Tefillin) beim wochentäglichen Morgengebet; ferner waren Frauen ausgeschlossen vom Vorbeten und vom Tora-Vorlesen in der Gemeinde der Männer, von der Zugehörigkeit zum Minjan, der Zehnerschaft als Mindestgemeinde, und von der Teilnahme als dritte Person an der Liturgie des Tischgebets. Einige, ja manchmal alle der genannten Funktionen wurden jedoch zu verschiedenen Zeiten auch von Frauen übernommen. So lesen Frauen die Esther-Rolle vor und werden zur Tora aufgerufen, wenn eine Gemeinde ganz aus Kohanim (Priesterstämmlingen) besteht, oder legen Tefillin mit oder ohne Segensspruch an. In Orient und Okzident leiteten Frauen stets ihre eigenen Gebete in Hebräisch und den Umgangssprachen, bildeten bei Tisch selbst die liturgische Dreierschaft (z. B. im Mittelalter in Deutschland und Frankreich) und kannten durch Jahrhunderte die Vorbeterin, die in der Frauensynagoge (Weiberschul) die Liturgie leitete." Diese frühen Vorbilder werden heute neu entdeckt. Sie spielen in unseren Tagen eine wichtige Rolle, betont Pnina Navé-Levinson, wo orthodoxe und nichtorthodoxe Jüdinnen sich in ihrem Selbstverständnis und ihrem Wirken für die Gemeinschaft neu definieren. Auch habe die Praxis des Minjan Frauen nie gehindert, ihrerseits das Beten in Gemeinschaft zu organisieren. Im übrigen: Die traditionell getrennte Sitzordnung von Männern und Frauen kann durch einen Beschluß der Gemeinde durchaus in eine gemischte Sitzordnung umgewandelt werden. Wenn die Gemeinde es will, können Männer und Frauen auch zur gemeinsamen Tora-Lesung aufgerufen werden. In diesem Zusammenhang erinnert Prof. Navé-Levinson daran, daß das gleichberechtigte Aufrufen von Männern und Frauen zur Tora-Lesung einst abgeschafft wurde, um weniger geschickte Männer zu schonen! Der aus München stammende, in Jerusalem lebende jüdische Gelehrte Schalom Ben Chorin, ein Reformjude nach eigenem Bekunden, empfindet es als eine Ehre, zusammen mit einer Frau zur Tora aufgerufen zu werden. Über einen Neujahrsgottesdienst des Traditional Egalitarian Service in Jerusalem schrieb er: „Aus der Tora las eine junge Frau die Geschichte von der Bindung Isaaks in fehlerlosem Hebräisch und unter Berücksichtigung der besonderen Kantilenen für die Hohen Feiertage. Es war eine Freude, das zu hören, und eine Ehre für mich, aufgerufen zu werden."

Zugegeben, das ist die Auffassung eines Mannes, der sich zum Reformjudentum bekennt und auch keinen Anstoß daran nimmt, daß Frauen zum Rabbinat zugelassen werden und in nichtorthodoxen Gemeinden auch Rabbinerinnen und Vorbeterinnen amtieren. Dazu noch einmal Pnina Navé-Levinson: „Als erste ordinierte Rabbinerin wirkte Regina Jonas seit 1934 in Berlin, später in Theresienstadt (sie starb in Auschwitz). In den USA und in England erfolgt die Ordination von Rabbinerinnen seit 1972 im Reformjudentum und bei den Liberalen, seit 1984 bei den Konservativen. Bald werden wohl auch Orthodoxe auf diesem Weg folgen. Das gilt auch für die Ausbildung und Anstellung von Kantorinnen."

In England sind derzeit 14 Rabbinerinnen im Amt, und weltweit dürften es einige Hundert sein. Auch fungieren Frauen inzwischen als Vertreterinnen des Rechts vor Rabbinatsgerichten, eine Aufgabe, die früher ausschließlich Männern vorbehalten war.

Keine Frage, auch innerhalb der jüdischen Gemeinschaften klagen heute Frauen mit Freimut und Entschiedenheit ihre volle Gleichberechtigung ein und fordern das Ende noch bestehender Benachteiligungen.

„Als theologische Grundlage für die Gleichberechtigung der Geschlechter und für die Emanzipation der Frau im Judentum dient die Berufung auf Gen 1,27 — die Erschaffung von Mann und Frau nach dem Ebenbild Gottes. In ihrem Suchen nach Eigenständigkeit und Identität in ihrer Religion fühlen sich jüdische Frauen durch die Rückbesinnung auf gültige weibliche Vorbilder in der jüdischen Heilsgeschichte, wie die Richterin Deborah, die Prophetin Mirjam u. a. gestärkt. Den besonders in der späteren jüdisch-rabbinischen Tradition auftretenden antifeministischen Tendenzen begegnen die im Tora-Studium geschulten Forscherinnen mit kritischer Textanalyse und einer kritisch-feministischen Hermeneutik. Dieser neue, auf Partnerschaft zwischen den Geschlechtern ausgerichtete Geist soll sich auch auf die religiöse Praxis auswirken: Jüdische feministische Theologinnen haben bereits damit begonnen, neue Rituale zu gestalten, die die Frauen ansprechen und sie als volle Partnerinnen in die jüdische Glaubensgemeinschaft einbeziehen. Alle diese und ähnliche Initiativen zielen darauf ab, ein Judentum zu gestalten, das die religiös spirituelle Natur der Frau voll anerkennt und durch den schöpferischen Beitrag der Frau bereichert wird. Die Wiederherstellung der ursprünglichen Harmonie zwischen weiblich und männlich wird als Zeichen der anbrechenden messianischen Heilszeit gedeutet." So hieß es in einem Bericht über die Erste Internationale Jerusalemer Konferenz über Frauen und Judentum, die im Dezember 1986 stattfand. In diesem Bericht wird u. a. darauf aufmerksam gemacht, daß aufgrund der weniger hierarchischen, nicht-zentralistischen Struktur der jüdischen Religionsgemeinschaft die Reformbestrebungen dort möglicherweise zügiger realisiert werden könnten als vergleichbare Reformen innerhalb der katholischen und orthodoxen Kirche, z. B. Zulassung der Frau zum Priesteramt u. ä.

Die Halacha, das Verständnis des jüdischen Religionsgesetzes, muß den Lebensumständen angepaßt werden, betont auch Pnina Navé-Levinson, da die Halacha keine starre und monolithische Größe sei. Für sie hängt viel von der Einsichtsfähigkeit der Gesetzesdeuter ab. „Verantwortungsgefühl sowie berechtigte und grundlose Ängste ergeben sich aus der Minderheitensituation der Juden", schreibt sie. Und weiter: „Jedoch wird heute betont, daß erst die sichtbare und anerkannte Teilnahme von Frauen an der Weiterentwicklung der Halacha deren erneute Belebung bewirkt. Wo Traditionalisten davor zurückscheuen, sollten sie sich vor allem auf die biblische Forderung nach Gerechtigkeit besinnen, die ein halachischer Grundsatz ist: ‚Tue das Gute und Richtige in den Augen Gottes' (Dtn 12,28). Moderne orthodoxe Halchisten wenden diesen Grundsatz kritisch an und weisen darauf hin, daß die einzigen gesellschaftlich und persönlich relevanten archaischen Gesetze, die nicht geändert wurden, Ungerechtigkeiten gegen Frauen enthalten."

Eine dieser Ungerechtigkeiten ist das erforderliche Einverständnis des Mannes zur Scheidung; dieses Gesetz ist im Staat Israel noch gültig.

Heiratslied

Sag, was willst du? Sag, was willst du?
Einen Schneider zum Mann? Einen Schneider zum Mann? —
Einen Schneider zum Mann will ich nicht,
Eine Schneiderstochter bin ich nicht,
Kleider nähen kann ich nicht.
Sitz ich auf dem Stein
Still für mich und wein:
Alle Mädchen machen Hochzeit,
Ich nur bleib allein!

Sag, was willst du? Sag, was willst du?
Einen Schuster zum Mann? Einen Schuster zum Mann? —
Einen Schuster zum Mann will ich nicht,
Eine Schusterstochter bin ich nicht,
Schuhe flicken kann ich nicht.
Sitz ich auf dem Stein
Still für mich und wein:
Alle Mädchen machen Hochzeit,
Ich nur bleib allein!

Sag, was willst du? Sag, was willst du?
Einen Doktor zum Mann? Einen Doktor zum Mann? —
Einen Doktor zum Mann will ich nicht,
Eine Doktorstochter bin ich nicht,
Arznei verschreiben kann ich nicht.
Sitz ich auf dem Stein
Still für mich und wein:
Alle Mädchen machen Hochzeit,
Ich nur bleib allein!

Sag, was willst du? Sag, was willst du? —
Einen Rabbi zum Mann? Einen Rabbi zum Mann? —
Einen Rabbi zum Mann will ich doch,
Eine Rabbistochter bin ich doch,
Thora lernen kann ich doch.
Sitz ich auf dem Dach,
Schau herab und lach:
Alle Mädchen machen Hochzeit,
Ich machs ihnen nach!

Lernen

Wenn du Kinder erzeugt hast, so unterweise sie jederzeit, jedoch mit Milde. Wende alles auf, ihnen Bücher zu kaufen, und halte ihnen von Jugend auf einen Lehrer. Besolde den Lehrer reichlich; was du ihm gibst, gibst du deinem Sohn. Und wisse, daß dein Glück durch deine Kinder erhöht wird, ihr Wohlergehen auch das deinige ausmacht. Lasse deine Söhne ein Handwerk lernen; für künftige Zeiten wird es ihnen gut tun. Solange du nicht selbst Weisheit und Einsicht erlangt hast, halte dich an den Umgang erfahrener Männer, und schäme dich nicht, zu lernen und zu fragen. Sei der Schweif der Weisen, dann wirst du einst ein Führer werden. Weisheit aber heißt in den Wegen des Glaubens wandeln, Gott fürchten und das Böse meiden, das ist Einsicht. Lerne Weisheit (Philosophie?), und wenn sie dir unbegreiflich, lerne wenigstens die Rechenkunst und lies medizinische Bücher.
(Aus „Musar Haskel“ von Gaon Hai ben Scherira [939—1038])

6. Krankheit, Sterben, Tod, Begräbnis

Jüdische Existenz ist Bekenntnis zum Leben. So überrascht es nicht, wenn der Friedhof Bet Hachajim (Haus des Lebens) oder Bet Haolam (Haus der Ewigkeit) genannt wird oder einfach „der gute Ort". Das heißt nicht, daß Juden bei schwerer Krankheit und einem qualvollen Sterben angstfrei wären; aber sie haben — das ist gesicherte Erkenntnis — aus ihrer Lebensanschauung heraus und aufgrund ihres Glaubens offensichtlich weniger Angst vor Sterben und Tod als andere Menschen. Und sie wissen sich aufgehoben in der jüdischen Gemeinschaft. Diese hält ausgesprochen mitmenschliche Bräuche bereit, deren Erfüllung den Gesunden fromme Pflicht (Mizwa) ist: Krankenpflege und Krankenbesuch, Beerdigungsbruderschaft, Fürsorge für die Hinterbliebenen. Für den Kranken wird alles getan, um seine Gesundheit wiederherzustellen, die Ge- und Verbote innerhalb des Kanons der religiösen Vorschriften gelten für den Kranken nicht, wenn sie ihn gefährden. Am Krankenlager wird ein kurzes Gebet gesprochen, und im Synagogen-Gottesdienst wird ein Familienmitglied des Kranken zur Tora-Lesung aufgerufen. Zur Tora aufgerufen wird auch der Genesene nach schwerer Krankheit, um Gott vor der Öffentlichkeit der Gemeinde zu danken. Nach Tora-Lesung und Segensspruch sagt er: „So war er auch mir gütig und tat mir wohl." Darauf erwidert die Gemeinde: „Er, der dir so viel Gutes tat, sei dir auch weiterhin gnädig." Ist eine Frau oder ein Mädchen von Krankheit genesen, übernimmt für sie der Mann, der Vater, der Bruder die Tora-Lesung, während die Frau ihren Dank im Kreis der Frauen in der Synagoge ausspricht. Wenn der Tod eines Menschen naht, bleibt die Familie nicht mit dem Sterbenden allein, sondern die von der Gemeinde organisierte Hilfe Chewra Kadischa („Heilige Vereinigung") tritt in Aktion. Diese Männer- und Frauenvereine leisten dem Sterbenden Beistand und bereiten, wenn der Tod eingetreten ist, die notwendigen Schritte für die Bestattung vor, nehmen also den Hinterbliebenen diese Arbeiten ab mit allen ihren Formalitäten. Eine segensreiche Einrichtung ist dieser Liebesdienst. Wenn der Sterbende Familienvater ist, wird er, wenn das Ende naht, sich zum letzten Mal an seine Kinder wenden, ihnen die Hand auflegen und sie segnen, so wie er es an jedem Sabbat und Feiertag getan hat. Die Sterbestunde soll für den Sterbenden zum Versöhnungstag werden; deshalb spricht er das Sündenbekenntnis (Vidui), das an Jom Kippur gesagt wird, und wendet sich noch einmal ganz persönlich an Gott: „Du hast mir eine Seele gegeben und für mein täglich Brot gesorgt. Nun kommt der Augenblick, da ich die Seele, die du mir gegeben hast, dir wiedergeben soll. Nimm du sie selbst von mir, wie mit Küssen deines Mundes, daß nicht der Todesengel mich quäle. Birg mich im Schatten deiner Flügel." In der letzten Phase des Sterbens stimmen die Umstehenden Gebetsgesänge an wie Jigdal und Adon Olam, endend mit den Worten: „In seine Hand übergebe ich meinen Geist, wenn ich schlafe und erwache, und mit meinem Geiste meinen Leib, Gott ist mit mir, ich fürchte nicht." Ganz zum Schluß, mit den letzten Atemzügen des Sterbenden sprechen alle das Gebet, das jeden Juden von der Geburt bis zum Tod durchs Leben begleitet, das Sch'ma Israel: „Höre Israel! Gott, unser Herr, ist ein einiger, einziger Gott!" Dabei soll das Wort „einzig" (echad) mit dem tatsächlichen letzten Atemzug des Sterbenden gesagt werden und verhallen, weil, so der fromme Glaube, die Seele des Verstorbenen auf den Flügeln dieses Bekenntnisses zu ihrem Schöpfer, dem einzig-einen Gott Israels getragen wird.

Fünfzehn Minuten lang darf der Verstorbene von niemandem berührt werden, dann werden dem Toten die Augen zugedrückt, nachdem man sich vergewissert hat, daß der Tod tatsächlich eingetreten ist. Dazu hält man eine Feder unter die Nase und auf die Oberlippe. Die ersten Totengebete werden gesprochen: Baruch dajan aemet („Gelobt sei, der richtet in Wahrheit"). Das Kinn des Toten wird hochgebunden, mit einem weißen Leichentuch wird das Gesicht bedeckt. Die Trauernden reißen etwas an ihren Kleidern ein, meist geschieht dieser Brauch aber erst kurz vor der Bestattung. Der Tote wird von den Männern der Beerdigungsbruderschaft auf dem Fußboden ausgestreckt, wärmende Laken und Decken vom Sterbebett werden aus hygienischen Gründen entfernt, der Leichnam wird auf Stroh und Erde gebettet und mit einem schwarzen Tuch zugedeckt. Eine Kerze steht am Kopfende, alle Spiegel werden verhängt. Denn man darf keinen „zweiten" Toten sehen, wie die Überlieferung sagt. Der Tote wird nicht allein gelassen, die Männer der Chewra Kadischa halten die Totenwache. Dann wird der Leichnam zur Bestattung vorbereitet. Der Tote wird gewaschen, das Totenkleid wird ihm übergezogen, es ist aus weißem Leinen und ebenso schmucklos wie der Sarg. Das Totenhemd, so will es die Sitte, kann auch jenes Hemd sein, das die Braut dem Bräutigam am Hochzeitstag schenkt und das der Mann an den Hohen Feiertagen Rosch Haschana und Jom Kippur sowie am Sederabend des Pessachfestes trägt. Ehe der Tote mit dem Totenhemd bekleidet und eingesargt wird, findet die Tahara statt, die rituelle Reinigung. Dreimal wird der Körper mit Wasser besprengt zu den Bibelworten: „Denn an diesem Tage geschieht eure Entsühnung, daß ihr gereinigt werdet; von all euren Sünden werdet ihr gereinigt vor dem Herrn." (3 Mose 16) Im Sarg ist der Tallit, der Gebetsmantel des Toten, ausgebreitet, er soll ihn zusätzlich zum Totenkleid umhüllen. Jedes Zeichen, jedes Wort, alles hat seine tiefe Bedeutung. Wenn der Leichnam in den Sarg gehoben wird, sprechen die Anwesenden: „Du aber, Daniel, geh hin, bis das Ende kommt, und ruhe, bis du auferstehst zu deinem Erbteil am Ende der Tage." Erde aus dem Heiligen Land, aus Israel, wird in den Sarg gestreut. Nach dem Schließen wird der Sarg mit einem schwarzen Sargtuch bedeckt, und das brennende Licht, das die ganze Zeit der Vorbereitungen über gebrannt hat, wird jetzt auf den Sarg gestellt. Bei allen diesen Verrichtungen werden Gebete gesprochen und aus der Traditionsliteratur gelesen, auch hier wird „studiert". Bevor der Sarg zum Friedhof gebracht wird, nimmt man das Licht herunter; es soll zwölf Monate lang im Haus des Toten weiter brennen. Ein Zeichen des Gedenkens und der Erinnerung. Auf dem Friedhof beginnt der eigentliche Abschied von dem Toten. Der Kantor singt die Abschiedsworte des Moses, die Trauergemeinde schließt sich den Worten an. Der Kantor wünscht dem Verstorbenen Schalom, den Frieden der ewigen Glückseligkeit. Langsam wird das Grab von den Freunden des Verstorbenen zugeschaufelt, „denn der Staub muß wieder zur Erde kommen, wie er gewesen ist, und der Geist wieder zu Gott, der ihn gegeben hat" (Pred 12,7). Zum Schluß der Bestattung sprechen die Trauernden das Kaddisch („Heiligung"), das Gebet für den Toten, in dem der Tod aber nicht vorkommt, sondern das seinem Cha-

rakter nach ein Hymnus auf Gott ist: „Erhoben und geheiligt werde sein großer Name in der Welt, die er nach seinem Willen erschaffen, und sein Reich erstehe in eurem Leben und in euren Tagen und dem Leben des ganzen Hauses Israel schnell und in naher Zeit, sprechet: Amen!"

Das ist ein Bekenntnis, Ausdruck der Erwartung auf das Reich Gottes. Das Kaddisch-Sagen der Kinder am Grab des Vaters und der Mutter, diese „Heiligung" Gottes, ist ein Zeugnis vor und mit der Gemeinde.

Jetzt erst, beim Verlassen des Friedhofs, werden die ersten Trostworte gesprochen, weil man nach dem Rat der Weisen den Trauernden nicht trösten soll, solange ein Toter vor ihm liegt. Das Leben geht weiter, die Pflicht gegenüber dem Leben ruft. Die Zäsur zwischen Tod und Leben markiert eine symbolische Handlung. Man wäscht sich die Hände mit den Worten:

Verschlingen läßt er den Tod in die Dauer.
Abwischen wird mein Herr, ER,
von alljedem Antlitz die Träne,
und die Schmach seines Volkes abtun
von allem Erdland.
Ja, geredet hats ER.

Die S'udat Hawraa, das Stärkungsmahl ist gerichtet, ein einfaches Essen für die Trauernden, das die Nachbarn zubereitet haben. Dies ist keine Totenmahlzeit für geladene Gäste, Juden laden nicht zu Beerdigungen ein, sondern nur zu Festen der Freude. Die Teilnahme an einer Beerdigung muß aus eigenem Antrieb erfolgen. Für die Trauernden beginnt die Schiwa, die siebentägige Trauerwoche; man sitzt auf der Erde oder auf harten Stühlen, jede Arbeit ruht. Dieser Brauch geht auf die biblische Josephsgeschichte zurück. Sieben Tage lang ließ Joseph um seinen Vater Jakob die Trauerfeier halten (1 Mose 50). Während dieser Trauerwoche verlassen die Trauernden ihre Wohnung oder ihr Haus nicht, erhalten aber Besuch von Freunden und Gemeindemitgliedern, sie wissen sich aufgehoben in einer Solidargemeinschaft. Als Menachem Awel, als Tröster der Trauernden, kommt der Besucher, um Teilnahme und Mut auszusprechen. Am siebten Tag, dem letzten Tag der Schiwa, erscheint noch einmal ein Vertreter der Bruderschaft; er reicht den Trauernden die Hand und sagt: „Deine Sonne wird nicht mehr untergehen, und dein Mond nicht den Schein verlieren; denn der Herr wird dein ewiges Licht sein, und die Tage deines Leidens sollen ein Ende haben." Der strengen Schiwa folgt die zweite Trauerphase, Scheloschin, 30 Tage vom Todestag an gerechnet. In dieser Zeit geht man keinen Vergnügen nach, es ist eine stille Zeit, die der Rückkehr in die Normalität des Alltags gilt. Ein ganzes Jahr dauert die Trauerzeit für Vater und Mutter. In dieser Zeit brennt auch ständig das Ner Tamid, das ewige Licht zum Gedenken. Das Kaddisch wird im ersten Todesjahr in jedem Monat, später einmal im Jahr beim Gottesdienst gesagt.

Daß Juden stets historisch denken, im Blick auf die Generationen vor den Lebenden, im Blick auf das Volk, dem so viel Leid widerfuhr — das zeigt sich auch in den Zeichen von Trauer und Trost beim Tod eines Mitmenschen der Gemeinschaft. Die Beileidsworte gehen über den konkreten Todesfall hinaus, beziehen die historische Trauer für Zion mit ein, aus der immer wieder auch Hoffnung erwachsen ist.

7. Koscher und Tame: die Speisevorschriften

Die Speisevorschriften sind uralt und gehen bis auf die Anfänge Israels zurück. Diese Vorschriften regeln, welche Nahrungsmittel aus ritueller Sicht erlaubt und welche verboten sind. In der Urzeit war der Mensch offensichtlich Vegetarier: „Und Gott sprach: Sehet da, ich habe euch gegeben alle Pflanzen, die Samen bringen, zu eurer Speise." (1 Mose 1,29) Der Genuß tierischer Nahrung wurde dem Menschen nach der Sintflut gestattet. Noahs Nachkommen durften tierisches Fleisch essen: „Alles, was sich regt und lebt, das sei eure Speise; wie das grüne Kraut habe ich's euch gegeben" (1 Mose 9,3). Allerdings mit einer Einschränkung: „Jedoch lebendiges Fleisch, mit seinem Blut noch verbunden, sollt ihr nicht essen." Das heißt, Tiere dürfen nicht gerissen werden, sondern müssen zum Verzehr geschlachtet werden, und das Fleisch darf kein Blut mehr enthalten. Daher die Schechita (Schächtung), die bis heute zu allerlei verworrenen Geschichten geführt hat und den Juden als eine besonders grausame Form des Tiereschlachtens zum Vorwurf gemacht worden ist. Tatsächlich verstößt ein sachgerecht durchgeführtes Schächten keineswegs gegen den ethisch gebotenen Tierschutz. Verglichen mit den allgemein üblichen Methoden des Schlachtens in Schlachthöfen ist das Schächten keineswegs grausam. Das Tier stirbt nahezu schmerzlos, ohne Qual. Durch den blitzschnell ausgeführten Schnitt mit einem langen haarscharfen Messer durch die Luft- und Speiseröhre des Tieres tritt eine fast unmittelbar folgende Betäubung ein. Durch die Blutleere im Gehirn spürt das Tier die Ausblutung nicht mehr. Der Schächter, ein anerkannter Fachmann, muß die fürs Schächten verbindlichen Bestimmungen sorgsam beachten, sonst kann das Ergebnis nicht als koscher bezeichnet werden. Nach der Schächtung finden noch Untersuchungen des geschlachteten Tieres statt und eine eingehende Fleischbeschau, ehe das Fleisch in die koscheren Metzgereien gegeben werden kann. Dort findet nochmals eine Behandlung statt; Fett und Talg werden entfernt. „Alles Fett ist für den Herrn", heißt es in der Tora mit Bezug auf den Opferdienst im Tempel. Zum Koschermachen gehört auch, das Restblut aus dem geschlachteten Tier zu entfernen, denn der Genuß von Blut ist strengstens verboten. Blut ist Träger des Lebens. Der Metzger muß also porschen, d.h. Adern und Häute werden herausgetrennt. Erst dann darf das Fleisch an jüdische Haushalte verkauft werden, wo die Hausfrau den letzten Schritt des Rituals vornimmt. Sie wässert und salzt das Fleisch, damit auch der letzte Tropfen Blut herausgetrieben wird. Jetzt erst ist das Fleisch eines geschlachteten Tieres „koscher", rituell zum Verzehr erlaubt. Koscher (jüdisch-deutsch) oder kascher (hebräisch) bedeutet für den Genuß des Menschen tauglich, den Ritualvorschriften genügend. Dabei unterscheidet die Tora zwischen „reinen" und „unreinen" Tieren für den Verzehr. Unrein hat hier nicht die Wortbedeutung „widerlich", „schmutzig", „abscheulich", sondern heißt schlicht: rituell nicht erlaubt.

Grundsätzlich als Nahrung zugelassen sind Säugetiere, Vögel, Fische. Als „rein" und damit als Nahrungsmittel erlaubt, gelten unter den Säugetieren nur die Wiederkäuer mit gespaltenen Hufen; alle anderen Säugetiere dürfen nicht verzehrt werden, z.B. kein Hase, kein Kamel, kein Schwein. Das Schwein hat zwar gespaltene Hufe, ist aber kein Wiederkäuer, und das Kamel ist zwar Wiederkäuer, hat aber keine gespaltenen Hufe. Von den Fischen gelten nur solche als „rein", die Schuppen und Flossen tragen. Das heißt, Delikatessen wie Aale, Austern, Krebse sind verboten. Schwierig ist die Beurteilung von „rein" und „unrein" (tamé) bei den Vogelarten. Die Tora nennt 24 Arten, die nicht verzehrt werden dürfen, enthält aber darüber hinaus keine detaillierten Anweisungen. Zu den „unreinen" Vogelarten gehören alle Aasfresser, alle Reiherarten, Storch , Wiedehopf und Fledermaus. Aufgrund der genauen Kenntnis der Tiere und langer Erfahrung und auch im Wissen, daß sie nach der Tora nicht verboten sind, gilt aus ritueller Sicht das übliche Geflügel als erlaubt: Hühner, Enten, Gänse, Truthähne, auch Fasane und Tauben.

Verboten als menschliche Nahrung sind Würmer und Insekten, wobei es bei den Insekten die Ausnahme gibt, daß vier Heuschreckenarten erlaubt sind; sie kommen indes heute in der Natur nicht mehr vor. Trotzdem hat das Verbot von Würmern und Insekten weiterhin Sinn, schließlich finden sich diese Tierchen nicht selten zwischen Salat- und Gemüseblättern. Daraus folgt, daß Pflanzen vor dem

Kochen sorgfältig untersucht und geputzt werden. Produkte von lebenden Tieren dürfen verzehrt werden, beispielsweise Eier, wenn auch das Fleisch dieser Tiere als Nahrung erlaubt ist.

„Du sollst ein Böcklein nicht in der Milch seiner Mutter kochen", heißt es im 1. Buch Mose 23, 19. Daraus ergibt sich ein prinzipielles jüdisches Speisegesetz, nämlich Fleischiges nicht mit Milchigem zu kochen, also zwischen Fleisch- und Milchspeisen strikt zu trennen und dafür auch getrenntes Kochgeschirr und Besteck vorzuhalten. Diese Trennung bezieht sich auch auf den Verzehr, Fleisch und Milch dürfen nicht bei ein und derselben Mahlzeit eingenommen werden. Mit anderen Worten: Ein koscherer jüdischer Haushalt besteht gewissermaßen aus zwei Küchen, um das Verbot der Vermischung von Basar we Chalaw (Fleisch und Milch) zu gewährleisten. Wiewohl es hinsichtlich von Geflügel in der Tora keine detaillierten Angaben gibt, wird nach der Tradition Geflügel wie Fleisch behandelt. Fisch dagegen ist kein Fleisch, er kann also auch mit Milch zubereitet werden. Vor dem erstmaligen Gebrauch werden Küchengeschirr und Eßservice sowie Bestecke geweiht, in fließendes Wasser gegeben im rituellen Bad der Gemeinde, der Mikwe. Auch dies ist eine religiöse Handlung, bei der die Frau einen Segensspruch spricht. In der nichtjüdischen Welt wird häufig angenommen, die Speisevorschriften der Juden seien einst aus gesundheitlichen, sprich hygienischen Gründen den Menschen verordnet worden. Das stimmt so nicht. Zwar sind die Speisegesetze nicht anti-hygienisch, und manche mögen sogar einen ausgesprochenen gesundheitsfördernden Effekt haben, aber geschaffen wurden diese Vorschriften aus tiefempfundener Religiosität. „Rein" und „unrein", so wurde schon ausgeführt, bedeuten in diesem Zusammenhang nicht „sauber" und „schmutzig", vielmehr zum Verzehr für den Menschen erlaubt bzw. verboten. Verboten von Gott, d.h. mit einem Tabu belegt. Das kennen wir auch aus anderen Kulturen, sogar aus unserer eigenen. Bei den Germanen galt das Pferd als heiliges Tier, ein Tabu, das auch nach der Christianisierung noch weiter fortwirkte, unbewußt bis heute, da der Genuß von Pferdefleisch bei uns im Gegensatz zu anderen Ländern nicht weit verbreitet ist.

Dies zum einen; zum anderen sind die Speisegesetze Ausdruck jüdischer Ethik, eine Maßnahme zur Selbstdisziplin: Der Mensch ist, was er ißt. Die Rituale machen durchaus Sinn. Nehmen wir die Speiseordnung am Pessachfest, die voller Symbolik ist, vor allem am Vorabend, am ersten Sederabend. Anordnung, Reihenfolge und Symbolik der Speisen dienen dem einen Sinn: der Identifizierung der zum Mahl versammelten Menschen mit ihrer Geschichte, mit der Geschichte des jüdischen Volkes. Oder warum wird an diesem Abend viermal ein Becher Wein getrunken? Antwort: Wein ist das Symbol der Freude, mit der die Befreiung aus der Sklaverei gefeiert wird. Daß es vier Gläser für jeden sind, dafür gibt es verschiedene Erklärungen. Eine besagt, daß die Israeliten nach der langen Wüstenwanderung besonders durstig waren, durstiger als üblich. Eine eher selbstironische Erklärung. Eine andere Erklärung, gleichsam eine symbolische, sagt, die vier Gläser Wein werden zum Andenken an die Mütter Sara, Rebecca, Rachel und Lea getrunken, um diese jüdischen Mütter zu ehren, die in Zeiten von Unterdrückung und Sklaverei dennoch bereit waren, Kinder in die Welt zu setzen und nach jüdischer Tradition zu erziehen. Es gibt noch eine dritte Erklärung, die etwas verrückt klingt, aber eine Ahnung vermittelt, was Feiern im Kreis jüdischer Mitmenschen bedeutet. Es sei Brauch gewesen, sagt man, während eines Banketts so viele Trinksprüche auszubringen, wie der Ehrengast Buchstaben in seinem Namen hat. Der Ehrengast am Sederabend des Pessachfestes ist ohne Zweifel Gott. Sein Name hat vier Buchstaben.

Literatur

Sidur Sefat Emat. Mit der deutschen Übersetzung von Rabbiner Dr. S. Bamberger. Basel 1956;

Manès Sperber: Wie Wasserträger Gottes. All das Vergangene ..., Wien 1974;

Pnina Navé-Levinson: Die Frau im Judentum. In: Neues Lexikon des Judentums. Herausgegeben von Julius H. Schoeps. Gütersloh 1992;

Iris Müller und Ida Raming: Erste Internationale Konferenz über Frau und Judentum. In: Orientierung Nr. 3, 51. Jahrgang, Zürich 1987;

Jüdisches Fest – Jüdischer Brauch. Herausgegeben von Friedrich Thieberger unter Mitwirkung von Else Rabin. Königstein 1979;
Robert Raphael Geis: Vom unbekannten Judentum. Freiburg/Basel/Wien 1961;
Schalom Ben-Chorin: Die Erwählung Israels. Ein theologisch-politischer Traktat. München/Zürich 1993;
Schalom Ben-Chorin: Die Stellung der Frau in den Religionen. In: Allgemeine Jüdische Wochenzeitung Nr. XXXVI/10 vom 8.3.1981;
S. Ph. de Vries: Jüdische Riten und Symbole. Reinbek 1990;
Jüdischer Glaube. Eine Auswahl aus zwei Jahrtausenden. Herausgegeben von Kurt Wilhelm. Birsfelden-Basel o. J.

VI. Fragen und Antworten, um Vorurteilen zu begegnen

1. Dürfen Andersgläubige eine Synagoge betreten?

Sie dürfen sie nicht nur betreten, sie dürfen sogar am Synagogen-Gottesdienst teilnehmen. Denn über der Synagoge steht in der Regel der Jesaja-Vers: „Mein Haus ist eine Stätte des Gebets für alle Völker." Männer müssen in der Synagoge eine Kopfbedeckung tragen.

2. Opfern die Juden in der Synagoge?

Nein, die Synagoge, das „Heiligtum im Kleinen", entwickelte sich parallel zum Tempel in Jerusalem und trat nach der Zerstörung des zweiten Tempels durch die Römer im Jahr 70 n. d. Z. an die Stelle des Tempels. Der Synagogen-Gottesdienst ist ein reiner Gebets-(und Gesangs-)Gottesdienst nach festen Regeln, nach einer genau festgelegten Liturgie. Die Synagoge ist „Haus des Gebets" (Bet ha-Tefilah), außerdem „Haus des Lernens" (Bet ha-Midrasch) und auch „Haus der Versammlung" (Bet-Am). Das Wort „Synagoge" kommt aus dem Griechischen und bedeutet „Zusammenkunft".

3. Warum beten jüdische Männer mit einer Kopfbedeckung?

Nach talmudischer Lehre ist die Kopfbedeckung des Mannes ein Zeichen der Gottesfurcht und der Bescheidenheit. Der Brauch dürfte aber seine Wurzeln in den klimatischen Bedingungen des Orients haben; dort geht kein Mensch wegen der großen Hitze ohne Kopfbedeckung. Die Sitte ist nicht nur auf Juden beschränkt, sondern gilt für alle semitischen Völker.

4. Ist das Schächten nicht eine besonders grausame Art der Tiertötung, und was bedeutet „koscher"?

Die rituellen Speisevorschriften der Juden sind immer wieder Gegenstand von Mißverständnissen, übler Nachrede und nicht ausrottbarer Vorurteile gewesen. Die jüdischen Speisevorschriften sind uralt und gehen auf die Anfänge Israels zurück. Die Bibel gebietet, daß lebendes Tierfleisch, mit seinem Blut noch verbunden, nicht gegessen werden darf. Sachgerecht durchgeführtes Schächten, das auch andere Völker kennen, z. B. Türken und Griechen, verstößt nicht gegen den ethisch gebotenen Tierschutz. Durch den blitzschnell ausgeführten Schnitt mit einem langen, haarscharfen Messer durch die Luft- und Speiseröhre des Tieres tritt eine fast unmittelbar folgende Betäubung ein. Durch die Blutleere im Gehirn spürt das Tier die Ausblutung nicht mehr.

Koscher oder kascher bedeutet: für den Genuß des Menschen tauglich, den Ritualvorschriften genügend. Als „rein" und damit als Nahrungsmittel zugelassen gelten unter den Säugetieren nur die Wiederkäuer mit gespaltenen Hufen. Alle anderen Säugetiere dürfen nicht verzehrt werden, also kein Hase, kein Kamel, kein Schwein. Das Schwein hat zwar gespaltene Hufe, ist aber kein Wiederkäuer, und das Kamel ist zwar Wiederkäuer, hat aber keine gespaltenen Hufe. Aus 1 Mose 23,19 („Du sollst ein Böcklein nicht in der Milch seiner Mutter kochen") ergibt sich ein prinzipielles jüdisches Speisegesetz: Fleischiges wird nicht mit Milchigem gekocht, Fleisch und Milch dürfen nicht bei derselben Mahlzeit eingenommen werden.

5. Ist der Rabbiner ein Priester oder mit einem Priester vergleichbar?

Nein, er ist kein Priester, sondern ein besonders schrift- und gesetzeskundiger Laie. Er ist in einer Gemeinde für alle Fragen der Religion, des Kultus und des Religionsunterrichts zuständig. In früheren Zeiten hatte der Rabbiner auch die

Rechtspflege, da Juden nicht gerne vor ein weltliches Gericht gingen in Streitfällen. Heute ist das anders, die Juden anerkennen die nationale Rechtsprechung. Innerhalb des Gottesdienstes hat ein Rabbiner nicht die spezifische Funktion wie etwa ein Priester im katholischen Gottesdienst oder ein Pfarrer im evangelischen Gottesdienst. Denn eine Predigt wird für den Synagogen-Gottesdienst nicht zwingend vorgeschrieben, ein jüdischer Gottesdienst kann auch ohne den Rabbiner stattfinden. Ein Synagogen-Gottesdienst kann gefeiert werden, wenn zehn Männer anwesend sind, wenn der Minjan erfüllt ist. Sie bilden Gemeinde, d.h. sie sprechen sich gegenseitig Mut zu. Dazu wird erzählt, einst habe Moses auf der Flucht zwölf Kundschafter ausgesandt, um die Lage zu erkunden. Zwei meldeten Gutes (Gott werde Israel helfen), zehn dagegen berichteten Schlimmes (Feind in Sicht). Da sei Gott erzürnt gewesen und habe gesagt: Wie lange murrt diese Gemeinde über mich? Daher die Bestimmung, daß zehn Männer zu einem jüdischen Gottesdienst zusammenkommen müssen. Das Priestertum endete bei den Juden mit der Zerstörung des zweiten Tempels im Jahre 70 n.d.Z. Mit dem Tempelkult endete auch der Opferkult, das Darbringen bestimmter Tiere. Der Rabbiner hat keinerlei sakramentale Befugnisse, und er ist nicht der Mittler zwischen Gott und den Gläubigen. Die herausragende Persönlichkeit im Gottesdienst ist der Kantor oder Vorbeter, der Chasán, der auch die Tora-Rolle aus dem Tora-Schrein „aushebt" und mit seinem Gebetsgesang ausdrückt, was fromme Juden fühlen.

6. Wieso glauben die Juden immer noch, daß der Messias kommt?

In der Tat ist der Glaube an den Messias („Gesalbter"), ist der Messianismus ein zentraler Gedanke im Judentum. Die messianische Zeit, die nach jüdischer Auffassung noch nicht gekommen ist, wird eine Zeit des absoluten Friedens sein. Darauf richtet sich die Hoffnung der Juden dreimal täglich im Gebet: „Dennoch hoffen wir auf Dich, unser Gott, daß die Greuel von der Erde schwinden, und die Götzen vertilgt werden, die Welt gegründet wird auf das Reich des Allmächtigen und alle Menschenkinder deinen Namen anrufen..." Der Messias wird als Friedenfürst in einem erneuerten Jerusalem kommen. Es wird eine Zeit sein, die Jesaja so beschrieben hat: „Und es wohnt der Wolf mit dem Lamme, und der Tiger lagert neben dem Böcklein... Nirgends handelt man bös und verderbt auf meinem ganzen heiligen Berg; denn angefüllt ist das Land mit Erkenntnis des Herrn, wie die Wasser das Meer bedecken."

7. Stimmt es, daß die jüdische Religion eine ausgesprochene Männerreligion ist und der Frau im Judentum nicht die gleichen Rechte zukommen wie dem Mann?

Im jüdischen Schrifttum lassen sich zahlreiche Belege zur Widerlegung der Behauptung finden, das Judentum sei frauenfeindlich und die jüdische Religion sei eine Männerreligion. Richtig ist, daß die Geschichten der Bibel aus männlicher Sicht erzählt sind. Das hat aber in der Praxis des Alltagslebens innerhalb der jüdischen Gemeinschaft nicht zu solchen gegen die Frau gerichteten Konsequenzen geführt wie im Christentum, vor allem wie in der katholischen Kirche. So ist die Frau Wahrerin und Hüterin der häuslichen Religiosität, sie wird als die „Priesterin" des Hauses betrachtet. Sie gestaltet den Sabbat und die Feiertage in der Familie durch das Anzünden und Segnen der Lichter. Ausgrenzungen aus „männlich" verstandenen Pflichten wie das Tragen von Tallit und Tefillin beim wochentäglichen Gebet hat es gegeben und gibt es im orthodoxen Judentum nach wie vor. Auch waren die Frauen ausgeschlossen vom Vorbeten und vom Vorlesen der Tora, von der Zugehörigkeit zum Minjan, der Zehnerschaft als Mindestgemeinde, bei der nur Männer gezählt wurden. Die Zulassung zum Rabbineramt war ebenfalls früher nur Männern vorbehalten; die erste ordinierte Rabbinerin war Regina Jonas, die seit 1934 in Berlin wirkte und in Auschwitz umkam. Rabbinerinnen und Kantorinnen gibt es heute weltweit im Reformjudentum und bei den Liberalen wie auch bei

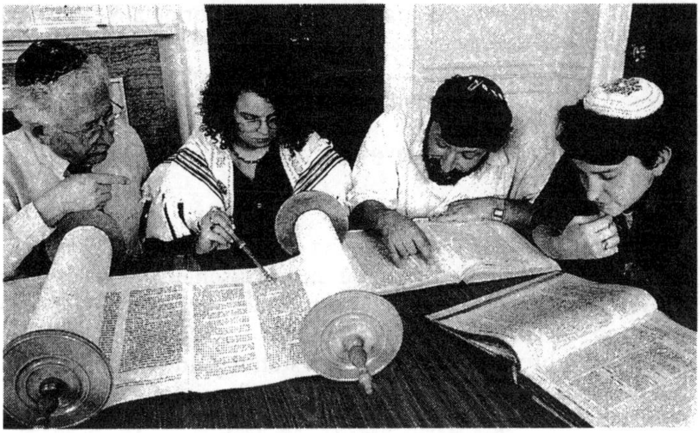

den Konservativen, noch nicht bei den Orthodoxen. Oft wird gefragt, warum Frauen und Männer in der Synagoge getrennt sitzen. In der Tat ist das eine alte Sitte, die in den orthodoxen Synagogen weiterhin praktiziert wird. Diese Praxis ist aber offensichtlich keine Erfindung der Juden, sondern wahrscheinlich über den Islam in die jüdische wie in die christliche Gemeinschaft gekommen. In der Kirche kannte man diese Sitte ja auch. Die „Verbannung" der Frau auf die Empore ist nach neueren Forschungen arabisch-islamischen Ursprungs. Einen theologischen Sinn kann man darin schwerlich ergründen. Möglicherweise sollte mit dieser Maßnahme die Konzentration der Männer auf den Gottesdienst gesteigert werden. Die Männer sollten nicht abgelenkt werden, heißt die nicht überzeugende tradierte Erklärung dazu. In den liberal-reformierten Gemeinden der USA sitzen Frauen und Männer in der Synagoge zusammen.

Im orthodoxen Judentum ist die Frau auch im Eherecht benachteiligt, was sich vor allem in Israel auswirkt. Zwar besitzt der Staat Israel seit 1951 ein Gleichberechtigungsgesetz, doch hat die Regierung dem Rabbinat eine Reihe von Vorrechten eingeräumt, die beispielsweise in Ehe- und Familienangelegenheiten der Frau eine von ihr gewollte Scheidung erschweren. Die scheidungswillige Frau ist davon abhängig, daß ihr von ihrem Ehemann der Scheidebrief ausgehändigt wird. Nur mit diesem Scheidebrief kann sie eine neue, gesetzlich gültige Ehe eingehen.

8. Glauben Juden an eine Auferstehung nach dem Tod?

Der Gedanke an die Auferstehung ist im Judentum verbreitet; die leibliche Auferstehung, die zu unterscheiden ist von der Unsterblichkeit der Seele, gehört in der rabbinischen Tradition zum Grundbestand des Glaubens und des täglichen Gebets. Geglaubt wird, daß die Auferstehung nur den Frommen und Gerechten zuteil werden wird. Auch wird diskutiert, wie der Körper bei der Auferstehung beschaffen und wie er bekleidet sein wird. Umstritten ist, ob Auferstehung und kommende Welt zeitlich zusammenfallen oder aufeinander folgen. Dem Glauben an die Auferstehung geben Juden im „Achtzehngebet" (Schemone Esre) Ausdruck, wenn sie beten: „Gelobt seist du, Herr, du bist mächtig in Ewigkeit, Herr. Du belebst die Toten, du bist reich an Hilfe. Du erhältst alles Lebende in Liebe, belebst die Toten mit großer Barmherzigkeit."

9. Die Juden gelten als das „auserwählte" Volk, was in der Geschichte zu vielen Mißverständnissen geführt hat, die wiederum Judenfeindschaft zur Folge hatten. Auserwählt wozu?

Daß Israel von Gott berufen und auserwählt wird, steht in der Bibel, im Buch Exodus. Dabei handelt es sich — aus heutiger Sicht — nicht nur um eine theologische Frage, sondern auch um eine höchst politische und für die Gegenwart Israels existenzielle Frage. Das Land der Verheißung dem Volk der Erwählung — dieser Anspruch des modernen Staates Israel gründet auf der Bibel. Der jüdische Religionswissenschaftler Schalom Ben-Chorin deutet die Erwählung und Berufung als Verpflichtung zum Vorbild: Israel als „Zeichen Gottes" und als Modellfall für alle Völker. Für Schalom Ben-Chorin hat die Erwählung Israels zu einer Sonderstellung der Juden geführt, positiv wie negativ: „Isoliert durch erwählende Berufung — das hat das Judentum vor der Vermischung mit anderen Völkern und Religionen bewahrt und so seine Existenz durch die Jahrtausende garantiert. Andererseits hat diese Isolation zur permanenten Randspannung um den Juden, um die jüdische Gemeinschaft und schließlich um den Staat Israel geführt." Erst im Reich Gottes sieht Ben-Chorin die Erwählung aufgehoben: „Denn unter dem Königtum Gottes erstreckt sich die Erwählung auf alle, die gemeinsam am Reich des Friedens, der Liebe und der Gerechtigkeit bauen." Der Gedanke der Erwählung reicht in mythische Urzeit zurück und trifft heute auf einen weitverzweigten jüdischen Pluralismus. Dennoch: „Israel bleibt für weite Schichten des Judentums — und für biblisch orientierte Christen — das Volk der Erwählung. Es gibt aber keine Erwählung ohne Verheißung und keine Verheißung ohne Verpflichtung. Nur ein Israel, das die Bundestreue wahrt, hat den legitimen Anspruch auf Erwählung und Verheißung, die in der Realität des Tages bewährt werden müssen." (Schalom Ben-Chorin)

10. Gelegentlich taucht der Begriff „Spätjudentum" in Publikationen über das Judentum auf. Was ist damit gemeint?

Der Begriff ist eindeutig negativ gemeint, er dient einigen christlichen Theologen zur Bezeichnung des nachbiblischen Judentums. Der Begriff impliziert, daß die relevante Geschichte des Judentums mit der Entstehung des Christentums weitgehend abgeschlossen sei. Statt von „Spätjudentum" spricht man heute innerhalb der Judaistik und auch der Theologie von „Frühjudentum".

VII. Die Judenfeindschaft hat viele Namen

Erläuterung wichtiger Begriffe

Antijudaismus
Bezeichnung für die allgemeine Feindschaft gegen Geschichte, Lebensart und Religion des jüdischen Volkes von der Antike bis zur Neuzeit. Erscheinungsformen des kirchlichen Antijudaismus gab es seit dem 2. Jahrhundert n. d. Z. Der Kern der Vorwürfe lautete: Die Juden sind Christus- und damit Gottesmörder. Sie sind „Urketzer", weigern sich, die christliche Botschaft anzuerkennen, und sind verantwortlich für Brunnenvergiftung, Ritualmord und Hostienschändung. Von der christlichen Welt seien sie daher als gestraftes Volk zu demütigen und auszugrenzen. Um seine Rassenideologie zu popularisieren, bediente sich auch Hitler traditioneller Muster des Antijudaismus.

Antisemitismus
Der Begriff wurde 1879 von dem deutschen Journalisten Wilhelm Marr geprägt und sollte zur Unterscheidung des politisch-neuzeitlichen vom traditionell-religiösen Judenhaß dienen. Heute ist es die allgemein gebräuchliche Bezeichnung für alle Formen der Judenfeindschaft. Parallel zum christlich-sozialen Antisemitismus entwickelte sich die Richtung des nationalistischen, rassistischen und panger-manischen Antisemitismus. So bezeichnete der berühmte Komponist Richard Wagner den jüdischen Beitrag zur deutschen und europäischen Kultur als bedrohliche Invasion fremder, rassisch „minderwertiger Elemente". Es war diese Weltanschauung des biologischen Rassismus, des „ewigen Kampfes" zwischen Ariern und Semiten, die auch die politischen Überzeugungen des jungen Hitler prägte.

Antizionismus
Bezeichnung für eine ideologische und politische Position, die vorgibt, nicht „die Juden" zu bekämpfen, sondern den

„Zionismus", das heißt konkret den Staat Israel und die Israelis. Historisch entstand der Antizionismus als Widerstand der arabischen Bewohner des ehemaligen britischen Mandatsgebietes Palästina gegen die zionistische bzw. jüdisch-nationale Besiedlungs- und Einwanderungspolitik vor dem Zweiten Weltkrieg. In der antizionistischen Propaganda erkennt man heute immer deutlicher die Neuauflage der alten Phantasie von der „Weltverschwörung". Die antizionistisch orientierte Polemik in der arabisch-islamischen Welt weist starke Ähnlichkeit mit den antijüdischen Polemiken der Christen im Mittelalter auf.

Auschwitz
Der Name des größten Vernichtungslagers der Nationalsozialisten ist im allgemeinen Sprachgebrauch zum Synonym für die rassische Ausrottungspolitik des Hitler-Regimes geworden. Allein hier wurden 1,5 Millionen Juden ermordet.

Bücherverbrennung
Am 10. Mai 1933 verbrannten Studenten in SA-Uniformen in allen großen Universitätsstädten und Kulturzentren die Bücher von Autoren, die als „undeutsch" galten, auf riesigen Scheiterhaufen. Überwiegend waren es die Bücher deutsch-jüdischer Schriftsteller, Wissenschaftler und Politiker. Der Bücherverbrennung sollte bald die millionenfache Vertreibung und Vernichtung jüdischer Menschen folgen.

Dreyfus-Affäre
Affäre um den Hochverratsprozeß gegen den jüdischen Offizier Alfred Dreyfus (1895) in Frankreich. Weil Anklage und Prozeßführung durch antisemitische Vorurteile bestimmt wurden, erregte die Affäre weltweites Aufsehen und löste heftige Kontroversen aus... Der berühmte Schriftsteller Emile Zola ergriff Partei für Dreyfus und richtete einen Offenen Brief an den Präsidenten der Republik unter dem Titel „J'accuse" (Ich klage an).

Endlösung
Der Begriff „Endlösung der Judenfrage" diente in der NS-Zeit zur Tarnung der wahren Absichten Hitlers und seiner Hel-

fershelfer, die Juden zu vertreiben und millionenfach zu ermorden. Die Beschlüsse dafür waren auf der „Wannseekonferenz" im Januar 1942 gefaßt worden.

Friedhofsschändungen
Im Mai 1990 wurde die Öffentlichkeit aufgeschreckt durch die besonders abscheuliche Form der Grabschändung auf dem jüdischen Friedhof im südfranzösischen Carpentras. Aber auch in Deutschland häufen sich die Fälle von Verwüstungen und Schändungen jüdischer Friedhöfe. Verstärkt erreichen uns auch Meldungen über umgestürzte Grabsteine. „Juda verrecke-Parolen" und Hakenkreuzschmierereien aus den „neuen Bundesländern".

Gelber Fleck/Stern
„Judenstern"
Unter dem Nationalsozialismus wurden die Juden gezwungen, zur Kennzeichnung einen gelben Stern auf ihrer Kleidung zu tragen. Zur Demütigung wurde bewußt die Form des Davidsterns, ein altes jüdisches Glaubenssymbol, gewählt.

Getto
Bezeichnung für abgesonderte Stadtteile (Judenviertel, Judengassen), in denen die jüdische Bevölkerung zuerst freiwillig, dann gezwungen vom Mittelalter bis zur Gleichberechtigung lebte.

Holocaust/Shoah
Die Begriffe Holocaust (griech./lat. „Brandopfer", „Schlachtopfer") und Shoah (hebr. „Vernichtung") bezeichnen die ideologisch vorbereitete und fabrikmäßig durchgeführte Ausrottung von 6 Millionen Juden im nationalsozialistischen Machtbereich 1933—1945.

Hostienschändung
Seit dem Mittelalter, aber auch noch in der Neuzeit wurden die Juden, vor allem in Mitteleuropa, beschuldigt, aus Haß gegen das Christentum Hostien entwendet zu haben, um sie zu durchstechen oder Spott mit ihnen zu treiben.

Judenboykott
Aufforderung an Deutsche, nicht in jüdischen Geschäften zu kaufen. Auftakt der terroristischen, nationalsozialistischen Judenpolitik war der sogenannte „Boykott-Tag" am 1. April 1933, an dem SA- und SS-Wachen mit antisemitischen Plakaten vor jüdischen Geschäften aufzogen. Die Aktion wurde als Gegenmaßnahme gegen die sogenannte „antideutsche, jüdische Greuelpropaganda im Ausland" deklariert.

Judenvertreibungen
Seit biblischer Zeit gehörten Flucht und Vertreibung zum Schicksal der Juden. Die Existenz der Juden in Europa war und ist eine fast ununterbrochene Kette von Verfolgungen und Vertreibungen, die von der Zwangstaufe und Ausweisung über den Pogrom bis zur Massenvernichtung (Endlösung) reicht.

Konzentrationslager
Konzentrationslager wurden seit März 1933 im gesamten Machtbereich des Nationalsozialismus errichtet. Sie dienten zur Ausschaltung politischer Gegner, als Arbeitslager und zur Vernichtung der Juden (Endlösung)... Man schätzt, daß etwa 7 Millionen Menschen während der Nazizeit in Konzentrationslagern waren, von denen die Mehrzahl ermordet wurde ... Zu den Vernichtungslagern, in denen die überwiegend jüdischen Häftlinge massenweise in den Gaskammern (Zyklon B) umkamen, gehörten: Auschwitz-Birkenau, Belzec, Sobibor, Treblinka und Lublin-Madjanek. Andere berüchtigte Lager waren: Bergen-Belsen, Buchenwald, Dachau, Flossenburg, Mauthausen, Neuengamme, Oranienburg, Papenburg, Ravensbrück, Sachsenhausen, Theresienstadt oder Westerborg.

Kreuzzüge
Bezeichnung für die Feldzüge der Christen am Ausgang des 11. und während des ganzen 12. Jahrhunderts zur „Befreiung des Heiligen Landes", die mit barbarischen Judenverfolgungen in Palästina und Europa verbunden waren.

Neonazismus
Bezeichnung für rechtsradikale, neofaschistische und antise-

mitische Strömungen, Gruppierungen und Parteien, die auch nach dem Zweiten Weltkrieg an die Tradition des Nationalsozialismus anknüpfen.

Pogrom
Aus dem Russischen stammendes Wort („Verwüstung“) für eine mit Plünderung und Gewalttätigkeit verbundene Verfolgung einer bestimmten Bevölkerungsgruppe, das im Laufe der Zeit vor allem zur Bezeichnung der gegen Juden gerichteten Ausschreitungen wurde.

Protokolle der Weisen von Zion
Gefälschte antisemitische Hetzschrift über angebliche Pläne zur Errichtung einer „Jüdischen Weltherrschaft“, die millionenfach in der ganzen Welt verbreitet wurde.

Rassegesetze
Die auf dem Nürnberger Parteitag der NSDAP im September 1935 verabschiedeten Rassegesetze („Reichsbürgergesetz“ und „Blutschutzgesetz“) waren der entscheidende Schritt zur gesetzlichen Deklassierung der jüdischen Bevölkerung. Die späteren massiven Verfolgungen der Juden bis hin zur „Endlösung“ gründeten sich auf die rassistische Deklassierung von 1935.

Ritualmordvorwurf
Als Blutbeschuldigung ursprünglich von den Römern gegen die Urchristen erhoben, diente der Vorwurf des Ritualmords vor allem im Mittelalter, aber auch in der Neuzeit dazu, Juden als Täter in ungeklärten Mordfällen zu verdächtigen und grausam zu verfolgen.

„Reichskristallnacht“ (Novemberpogrom)
Bezeichnung für die Nacht vom 9. zum 10. November 1938, in der als angebliche „Vergeltung“ für das Attentat auf den Angehörigen der deutschen Botschaft in Paris, Ernst vom Rath, durch Herschel Grynszpan ein „Pogrom gegen die Juden in ganz Deutschland“ veranstaltet wurde. Die „Kristallnacht“ forderte zahlreiche Menschenleben und hinterließ verwüstete Geschäfte und brennende Synagogen.

Reichssicherheitshauptamt
Bezeichnung für die zentrale NS-Instanz, in der die verschiedenen Sicherheitsbehörden zusammengefaßt waren, darunter die Gestapo mit der Aufgabe, die politischen Gegner zu bekämpfen, sowie die für die Deportation zur Vernichtung der Juden verantwortliche Stelle unter Eichmann.

Weltverschwörungslegende
Antisemitische Parole, die behauptet, daß das „Weltjudentum" nach einem verschwörerischen Plan in Wirtschaft, Politik, Kultur und Wissenschaft alle zentralen Positionen entweder schon besetzt hält oder anstrebt, um alle Völker zu unterjochen.

Zwangstaufe
Die mit Androhung von Gewalt erzwungene „Bekehrung Ungläubiger" zum Christentum durch Praktizierung der Taufzeremonie. In den Kreuzzügen wurden die Juden vor die barbarische Alternative gestellt: „Tod oder Taufe".

(Gekürzte Wiedergabe aus „Enzyklopädie der Judenfeindschaften" von Willi Jasper, in: Jüdische Lebenswelten. Katalog zur Ausstellung in Berlin 1991. Herausgegeben von Andreas Nachama/Gereon Sievernich. Berliner Festspiele/Jüdischer Verlag/Suhrkamp Verlag 1991)

Weiterführende Literatur (Auswahl)

(Nicht aufgeführt sind die bereits am Ende der einzelnen Kapitel genannten Publikationen.)

Lexikon des Judentums. Herausgegeben vom Lexikon-Institut Bertelsmann in Zusammenarbeit mit John F. Oppenheimer unter Mitarbeit von Emanuel bin Gorion, E. G. Lowenthal, Hanns G. Reissner u. a. Gütersloh 1971;

Neues Lexikon des Judentums. Herausgegeben von Julius H. Schoeps. Gütersloh/München 1992;

Philo-Lexikon. Handbuch des jüdischen Wissens. Unveränderter Nachdruck der 3., vermehrten und verbesserten Auflage von 1936, erschienen im Philo Verlag. Berlin/Königstein 1982;

Kirche und Synagoge. Handbuch zur Geschichte von Christen und Juden. Darstellung mit Quellen. Herausgegeben von Karl Heinrich Rengsdorf und Siegfried von Kortzfleisch. 2 Bde. Stuttgart 1968 und München 1988;

Die Jüdische Welt. Offenbarung, Prophetie und Geschichte. Herausgegeben von Elie Kedourie. Deutsche Bearbeitung von Karl Erich Grözinger. Frankfurt/Main 1980;

Universalgeschichte der Juden. Von den Ursprüngen bis zur Gegenwart. Ein historischer Atlas. Herausgegeben von Eli Barnavi. Hrsg. der dt. Ausg. Frank Stern. Wien 1993;

H. H. Ben-Sasson: Geschichte des jüdischen Volkes. Von den Anfängen bis zur Gegenwart. Sonderausgabe. München 1992;

Abba Eban: Dies ist mein Volk. Die Geschichte der Juden. Zürich 1970;

Jüdische Lebenswelten. Herausgegeben von Andreas Nachama und Gereon Sievernich. Katalog der gleichnamigen

Ausstellung in Berlin. Frankfurt/Berlin 1992; Bd. 1: Katalog; Bd. 2: Essays;

Geschichte der Juden. Von der biblischen Zeit bis zur Gegenwart. Herausgegeben von Franz J. Bautz. München 1983;

Leo Prijs: Die Welt des Judentums. Religion, Geschichte, Lebensweise. München 1982;

Hans-Jochen Gamm: Das Judentum. Eine Einführung. Frankfurt/Main 1979;

Leo Trepp: Die Juden. Volk, Geschichte, Religion. Reinbek 1969;

Ruth Gay: Geschichte der Juden in Deutschland. Von der Römerzeit bis zum zweiten Weltkrieg. Mit einer Einleitung von Peter Gay. Aus dem Englischen von Christian Spiel. München 1993;

H. G. Adler: Die Juden in Deutschland. Von der Aufklärung bis zum Nationalsozialismus. München 1987;

Die Juden in Deutschland 1933—1945. Leben unter nationalsozialistischer Herrschaft. Herausgegeben von Wolfgang Benz. München 1988;

Jüdisches Leben in Deutschland seit 1945. Herausgegeben von Micha Brumlik, Doron Kiesel, Cilly Kugelmann, Julius H. Schoeps. Frankfurt/Main 1986;

Elie Wiesel: Jude heute. Erzählungen, Essays, Dialoge, Wien 1987;

Zwischen Thora und Trabant. Juden in der DDR. Herausgegeben von Vincent Worblewsky. Berlin 1993;

H. L. Strack/G. Stemberger: Einleitung in Talmud und Midrasch. München 1982;

Emmanuel Levinas: Vier Talmud-Lesungen. Aus dem Französischen von Frank Miething. Frankfurt/Main 1993;

Das Mosaische Recht nebst den vervollständigenden thalmudisch-rabbinischen Bestimmungen. Von Dr. J. L. Saalschütz. Berlin 1853. Reprint Walluf bei Wiesbaden 1974;

Georg Fohrer; Geschichte der israelitischen Religion. Freiburg/Basel/Wien 1992;

Johann Maier: Geschichte der jüdischen Religion. Von der Zeit Alexanders des Großen bis zur Aufklärung mit einem Ausblick auf das 19./20. Jahrhundert. Neubearbeitete Ausgabe. Freiburg/Basel/Wien 1992;

Peter Landesmann: Die Juden und ihr Glaube. Eine Gemeinschaft im Zeichen der Tora. München 1987;

Jakob J. Petuchowski: Gottesdienst des Herzens. Eine Auswahl aus dem Gebetsschatz des Judentums. Freiburg/Basel/Wien 1981;

Lebensweisheiten aus dem Judentum. Gesammelt und eingeleitet von Leo Prijs. Freiburg/Basel/Wien 1986;

Hubertus Halbfas: Religionen der Welt. Judentum. Glaube, Geschichte, Gegenwart. 32 Dias mit Begleitheft. Düsseldorf 1994.

Text- und Bildnachweis

Seite 38: Aus dem Babylonischen Talmud, aus: Aus den Talmudproben. Von Rabbiner Dr. S. Funk, Berlin und Leipzig 1921.
Seite 39: Martin Buber, Der Glaube des Judentums, aus: Jüdischer Glaube. Herausgegeben von Kurt Wilhelm, Birsfelden/Basel o. J.
Seite 71: Isaak B. Singer, Sabbatabend, aus: ders., Mein Vater, der Rabbi. Deutsch von Otto Best, Reinbek 1971.
Seite 112: Das Buch Esther, übersetzt von Martin Luther, Frankfurt 1908/1983.
Seite 123: Die Macht des mosaischen Gesetzes, aus: Herman Wouk, Das ist mein Gott. Glaube und Leben der Juden, Hamburg 1984.
Seite 126: Die Zerstörung des Zweiten Tempels, aus: Flavius Josephus, Der Jüdische Krieg. Band 2, München 1966.
Seite 147/148: Heiratslied und Lernen, aus: Robert Raphael Geis, Vom unbekannten Judentum, Freiburg/Basel/Wien 1961.

Seite 15: Menora — siebenarmiger Leuchter von Benno Elkan, steht vor der Knesset (Parlament) in Jerusalem. Foto: Alfons Senfter, Gschnitz/Österreich.
Seite 25: Tora-Rolle, aus der an jedem Sabbat ein Abschnitt vorgelesen wird, aus: Zwi Asaria, Feste und Gebräuche der Juden, Hannover 1982.
Seite 33: Die Fesselung Isaaks. Ausschnitt aus einem hebräischen Ritual für Rosch Haschana (Neujahrsfest). Um 1290 in der Gegend von Ulm angefertigte Buchmalerei. Universitätsbibliothek Breslau.
Seite 44: Der gedeckte Sabbat-Tisch mit zwei Leuchtern, einem Becher mit Wein und zwei verhüllten Broten, aus: Zwi Asaria, Feste und Gebräuche der Juden, a. a. O.
Seite 49: Feierlicher Umzug mit Tora-Rollen in der Synagoge von Hannover, aus: Hermann Zvi Guttmann, Vom Tempel zum Gemeindezentrum. Synagogen im Nachkriegsdeutschland, Frankfurt 1989.
Seite 79: Toraschrein aus der Synagoge in Sioux City/Iowa, 1899, aus: Jüdische Lebenswelten. Wegweiser durch die Ausstellung der Berliner Festspiele GmbH im Martin-Gropius-Bau, Berlin 1992.
Seite 103: Chanukka im Hotel Gellert in Budapest, aus: ebd.
Seite 109: Purim-Rassel und Schofar-Horn, aus: Jüdisches Kultgerät. Katalog einer Ausstellung im Museum Hameln 1981.
Seite 131: Tefillin (Gebetsriemen) mit Beutel, aus: Jüdisches Kultgerät. Eine Auswahl aus den Sammlungen, Braunschweig 1984.
Seite 136: Jüdischer Junge bei der Bar Mizwa-Feier. Foto: Zelter.
Seite 152: Jüdischer Friedhof zu Worms. Foto: Stadtarchiv Worms.
Seite 163: Männer *und Frauen* am Leo Baeck-College in London untersuchen klassische Texte auf ihre Bedeutung für die moderne Zeit, aus: Peter B. Clarke, Atlas der Weltreligionen, München 1994.